El Canto en la Misa y otras Celebraciones Litúrgicas

RAMÓN PONS

ISBN: 0-9983197-0-8
ISBN-13: 978-0-9983197-0-4

DEDICATORIA

Este aporte a las celebraciones litúrgicas va dirigido a todos aquellos que comparten la responsabilidad en el ministerio de servir a los hermanos con sus habilidades musicales. Tanto al más preparado de los músicos como a la humilde feligresa que a pesar de sus años aún se anima a cantar.

CONTENIDO

RECONOCIMIENTOS

Mi agradecimiento a los que me enseñaron liturgia, a los involucrados en el Centro de Pastoral Litúrgica de Barcelona y a los encargados de Actualidad Litúrgica de México.
A muchas personas anónimas que han contribuido con mi formación académica y a todos los que de alguna manera han ofrecido su aporte para poder confeccionar estas páginas.

1. INTRODUCCIÓN

Ante cada camino que se emprende es necesario hacerse unas cuantas preguntas. Para esta ocasión sólo tres: "¿De dónde venimos?, ¿Dónde estamos? Y, finalmente, ¿Hacia dónde queremos ir?

Mucha gente hoy día suspira con ansia el retorno de la misa en latín. Ya la Iglesia no es como antes, dicen, y para que vuelva a serlo tenemos que regresar a las fuentes, a lo original. La cuestión es qué tan lejos debemos ir o si en verdad necesitamos regresar a algún momento de la historia en particular.

Aunque son muchas las ceremonias litúrgicas, limitémonos únicamente a la Eucaristía por momento. La primera de todas se celebró en arameo. Esa era la lengua que hablaba Jesús y el grupo de sus discípulos que estaban presentes. Es muy probable que luego otras, en ausencia de Jesús, se empezaran a celebrar en hebreo y muy pronto en griego. Lo del latín entro un poco más tarde, ya para cuando la mayoría de la gente en el mundo conocido hasta entonces hablaba esa lengua.

Es probable que Jesús supiera un poco de griego. Probablemente no más de que lo en un rancho se puede saber del inglés, el "*yes, very well*". No hay duda que algo de latín sabría, pues Israel estaba dominada por los romanos, tanto desde su nacimiento como hasta su muerte. Así lo decimos en el credo: "Padeció bajo el poder de Poncio Pilato…" que era entonces el quinto prefecto de la provincia romana de Judea.

El INRI que vemos muchas veces a la cabeza de los crucifijos es aquella sentencia de muerte que se escribió en esos tres idiomas: «Pilato había hecho escribir un letrero y clavarlo en la cruz. El escrito decía: "Jesús el Nazareno, rey de los Judíos". Muchos judíos leyeron el letrero, porque el lugar donde Jesús fue crucificado quedaba cerca de la ciudad. Además, el letrero estaba escrito en hebreo, latín y griego». Jn, 19, 19-20.

Así que estas tres lenguas, entonces, acompañan el nacimiento de la Iglesia. Cada una de ellas ha presentado cierta evolución con el paso del tiempo, hasta el

1

punto de llegar a ser casi suplantadas por sus lenguas derivadas. Este fenómeno es muy claro para los estudiosos de la Biblia, porque saben que el griego en que se escribió se le llama *koiné* y no es el que actualmente se habla. Lo mismo se puede decir del latín, que dio origen a las lenguas romances, que hoy entre las que más se hablan se encuentran el español, el portugués, el francés y el italiano.

Con esto nos debe quedar claro una cosa: las primeras celebraciones de la eucaristía, la misa, celebrada por los apóstoles y sus sucesores, era en la lengua que la gente entendía, la que se hablaba para entonces.

El cristianismo se extiende en muy pocos años por todos los rincones de imperio romano. La liturgia se va desarrollando y van surgiendo, junto con los usos y costumbres locales, diversas maneras de celebrar la eucaristía. Esto da lugar a una familia de ritos y liturgias diversas que, celebrando un mismo memorial, el de Jesús en la última cena, lo hacían de manera muy diferentes unos de otros.

Hoy son notables el rito ambrosiano, el rito hispano mozárabe y el rito romano.

El Papa Gregorio (540-604) fue el reformador de la liturgia romana. Colocó la recitación del padrenuestro en el lugar que se encuentra hoy día. El Papa Pío V (1566-1572), implementando las resoluciones del Concilio de Trento, determinó que la única manera válida de celebrar la misa era según el rito romano, a no ser los otros ritos fueran anteriores al 1370.

Se puede decir que desde la bula *Quo Primum tempore*, de 1570, del Papa Pío V hasta la implementación de las decisiones del Concilio Vaticano II, de la constitución Sacrosanctum Concilium, con la constitución apostólica *Missale Romanum* del Papa Pablo VI, del 3 de abril del 1969 la misa se celebró en latín. A partir de entonces, ya por casi cincuenta años, la celebración de la Eucaristía se ha tenido en lengua vernácula, la lengua que se habla en cada pueblo.

¿Qué llevó al Concilio Vaticano II tomar esa decisión en el 1963?

Como respuesta, se pueden invocar muchas y diversas razones, pero me parece que la más importante era que ya hacía años, cientos de años, que la misa había quedado como una cosa que sólo la entendían algunos. La gran mayoría de los bautizados no entendía lo que ocurría en la celebración.

El uso de la campanilla en la epíclesis, la elevación de las Sagradas Especies (del pan y vino consagrados) se hacía para indicarle a la gente que algo importante iba ocurriendo. Mientras tanto, en la misa, la mayoría se dedicaban a sus propios asuntos: rezar rosarios, novenas y oraciones, leer, tejer… Estar en todo, menos en misa.

Cuando el Concilio Vaticano II promulga el 4 de diciembre del 1963 el documento que habla sobre la reforma de la liturgia: la Constitución *Sacrosanctum Concilium*, se dio origen a una nueva pastoral litúrgica en la Iglesia.

Se reformó el Misal Romano (el libro de la misa), el Oficio Divino o Liturgia de las Horas, la celebración de los distintos sacramentos…

Mucho se ha avanzado desde entonces. Hoy día nos encontramos con una tercera edición del Misal Romano y la mayoría de la gente que asiste ahora a la celebración de la Eucaristía recuerda muy poco o no conoce nada de aquellos años y aquellas celebraciones.

Y aun así nos falta algo. La intención de la Sacrosanctum Concilium no era simplemente poner en lengua vernácula los textos de la misa y hacerla más comprensible. Su intención era invitarnos a su celebración, participar en ella, recibir los frutos que en ella se reparten para todos.

Hoy día, si la participación no es completamente nula, es más bien escasa. Parece que hacemos "de todo, menos misa": mantener quietos a los chiquillos, mucha atención a la homilía (palabra de hombre), poca atención a las lecturas (palabra de Dios). Los cuerpos están presentes, pero las mentes andan en sólo Dios sabe dónde.

Participación es la palabra clave. Participar todos, cada cual según su condición.

Cuando el futbolista pasa el balón por el arco, todos gritan gooooool. Cuando una artista canta, todos se emocionan y le acompañan en su canción. Pero cuando vamos a la celebración de la Eucaristía, a nuestro encuentro con el Señor, llevamos caras de aburridos como si lo que está pasando allí no fuera con nosotros.

Muchas veces falta una buena animación que vaya mucho más allá de lo que puede hacer el celebrante principal.

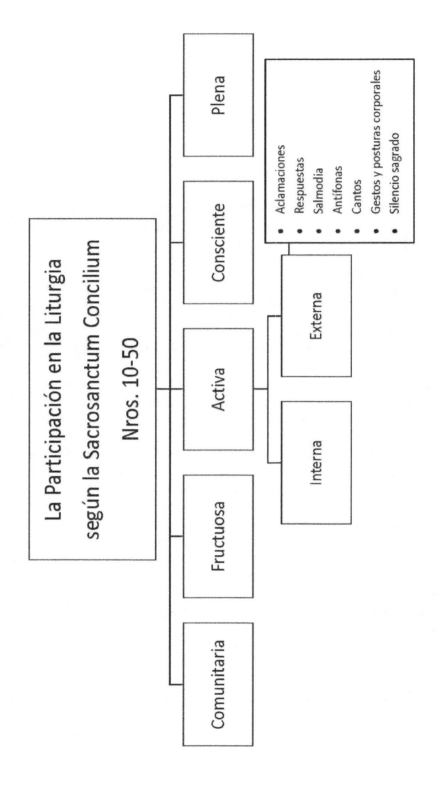

La Participación en la Liturgia según la Sacrosanctum Concilium Nros. 10-50

- Comunitaria
- Fructuosa
- Activa
  - Interna
  - Externa
    - Aclamaciones
    - Respuestas
    - Salmodia
    - Antífonas
    - Cantos
    - Gestos y posturas corporales
    - Silencio sagrado
- Consciente
- Plena

En el documento del Concilio Vaticano II, la constitución *Sacrosanctum Concilium*, se destaca entre los números del 10 al 50 la insistencia en lograr la participación de la asamblea en la celebración litúrgica.

La liturgia no un espectáculo, tampoco es una recreación teatral de ciertos acontecimientos. La razón de la participación deriva del mismo significado del nombre "*liturgia*": obra del pueblo. El documento va más lejos, porque las veces que emplea la frase "participación activa" se refiere directamente a la asamblea de los fieles:

10. [...] los trabajos apostólicos se ordenan a que, una vez hechos hijos de Dios por la fe y el bautismo, todos se reúnan para alabar a Dios en medio de la Iglesia, *participen* en el sacrificio y coman la cena del Señor.

11. [...] los pastores de almas deben vigilar para que en la acción litúrgica no sólo se observen las leyes relativas a la celebración válida y lícita, sino también para que los fieles *participen* en ella *consciente, activa y fructuosamente*.

21. [...] los textos y los ritos se han de ordenar de manera que expresen con mayor claridad las cosas santas que significan y, en lo posible, el pueblo cristiano pueda comprenderlas fácilmente y *participar* en ellas por medio de una celebración *plena, activa y comunitaria*.

30. Para promover la *participación activa* se fomentarán las aclamaciones del pueblo, las respuestas, la salmodia, las antífonas, los cantos y también las acciones o gestos y posturas corporales. Guárdese, además, a su debido tiempo, un silencio sagrado.

48. Por tanto, la Iglesia, con solícito cuidado, procura que los cristianos no asistan a este misterio de fe como extraños y mudos espectadores, sino que comprendiéndolo bien a través de los ritos y oraciones, *participen conscientes, piadosa y activamente* en la acción sagrada, sean instruidos con la palabra de Dios, se fortalezcan en la mesa del Cuerpo del Señor, den gracias a Dios, aprendan a ofrecerse a sí mismos al ofrecer la hostia inmaculada no sólo por manos del sacerdote, sino juntamente con él, se perfeccionen día a día por Cristo mediador en la unión con Dios y entre sí, para que, finalmente, Dios sea todo en todos.

113. La acción litúrgica reviste una forma más noble cuando los oficios divinos se celebran solemnemente con canto y en ellos intervienen ministros sagrados y el pueblo *participa activamente*.

121b. Compongan obras que presenten las características de verdadera música sacra y que no sólo puedan ser cantadas por las mayores "*Scholae cantorum*", sino que también estén al alcance de los coros más modestos y fomenten la *participación activa* de toda la asamblea de los fieles.

Como bien puede observarse, la primera *participación activa* que busca y quiere la Iglesia, en las celebraciones litúrgicas con los fieles se realiza, de un modo especial, a través del canto.

El tema de la importancia de la participación queda detallado en el cuadro de la página anterior. Como puede verse, hay muchos factores que intervienen en la participación de la asamblea, algunos son controlables, otros no. Pero deberíamos estimularlos todos. Especialmente con el canto.

Hay que ser ingeniosos y no escatimar recursos o habilidades que puedan servir para la más plena participación de los fieles en los actos del culto divino. Así damos alabanza y gloria a Dios.

Con el fin de ayudar a lograr esa participación tan deseada por el Concilio se ha elaborado este material, de manera que responda primero a la necesidad de instrucción que todos tenemos, pero especialmente de aquellos que acompañan la asamblea con el canto.

En la primera parte veremos el canto y la música en la liturgia, luego pasaremos a considerar algunos aspectos de nuestros grupos de cantores para entonces ubicar el canto dentro de la estructura de la celebración y concretamente en el ordinario de la misa, su relación con el año litúrgico y finalmente, el canto en otras celebraciones litúrgicas.

Al final, como apéndice, se incluyen las letras de algunas canciones que pueden ser usadas, especialmente, en las liturgias de Semana Santa. Son ya unas canciones clásicas y sencillas, de fácil interpretación y que la mayoría de la gente está acostumbrada a ellas.

Esperamos que sirva de ayuda para la instrucción de los cantores, y que se alcance el deseo del Concilio para una más plena participación en la liturgia de manera que la asamblea que se reúne semanalmente pueda elevar cánticos e himnos inspirados a nuestro Dios (Cfr. Efesios 5, 19).

2. EL CANTO Y LA MÚSICA EN LA LITURGIA

"Vengan, cantemos alegres al Señor...
Entremos a su presencia dándole gracias,
Aclamándolo con cantos" Sal 94,1-2

La invitación de san Pablo a la comunidad cristiana de Éfeso (5, 19-20) a cantar juntos salmos, himnos y cánticos inspirados en acción de gracias es también una invitación para nuestra comunidad local mientras esperamos el glorioso retorno de nuestro Señor Jesucristo. El canto es la mejor manera, hasta ahora, para expresar los sentimientos del corazón. San Agustín, en el sermón 336, nos dice que *"Cantar es propio del que ama"*, y un antiguo proverbio afirma que: *"Quien bien canta, dos veces ora"*.

Desde luego, se puede celebrar a Jesucristo sin recurrir a la música y al canto. Comúnmente lo hacemos; pero esto no impide que, por tradición bíblica y cristiana e incluso por la misma naturaleza de las cosas, la música ocupe en la liturgia un lugar privilegiado y estructural.

La tradición judeo-cristiana reconoce la importancia del canto y la música en el culto. El mismo san Pablo incluye dentro de sus cartas cánticos que las primeras comunidades cristianas cantaban en sus celebraciones. Por esto la Iglesia siempre ha tenido en gran estima el uso del canto y la música en las celebraciones litúrgicas.

El canto en la liturgia tiene la función de expresar nuestros sentimientos ante Dios, nuestra comunión con la asamblea de los fieles y con el Misterio que celebramos. Es el modo de participación privilegiado. El canto expresa con la boca lo que abunda en el corazón (Cfr. Mt. 12, 34). Si la asamblea cristiana es la protagonista en la celebración litúrgica, el canto es el instrumento del que se sirve. No es una cosa añadida, sino que es parte integrante de la celebración misma.

La Iglesia nos invita a cantar en todas las celebraciones litúrgicas, y de manera especial en la celebración de la Eucarística. La *Instrucción general del Misal*

Romano indica en numerosas ocasiones la importancia del canto durante la celebración de la misa: saludos, diálogos, aclamaciones, y diversos cánticos en otras muchas ocasiones.

El canto sirve para acompañar un rito sagrado, como los cantos de entrada y comunión. Otras veces el canto es el rito mismo, como el prefacio o el santo. En uno u otro caso, las palabras que se entonan deben ser conformes al espíritu de la celebración, porque lo que se busca es cantar la misa y no cantar-en-la-misa[1].

Por esta razón, algunos cantos tienen una letra que invariable: el *Gloria*, el *Santo*, etc.... En los otros cantos, en los que se puede variar la letra del texto se debe tener en cuenta que han de estar de acuerdo a la doctrina católica, en sintonía con el momento del año litúrgico que se celebra y con la misma estructura de la celebración. Aún más, el texto de estos cantos debería tomarse, principalmente, de la Sagrada Escritura y de las fuentes litúrgicas.

Es tal la singularidad del canto en la liturgia, que jamás debería ser interpretado usando las melodías de temas comerciales o populares.

1. La música al servicio del rito

No toda la música religiosa es apropiada para la liturgia. Aquí podríamos decir, junto con Jesús: "No todo el que me diga: 'Señor, Señor', entrará en el Reino de los Cielos, sino el que haga la voluntad de mi Padre que está en los cielos". (Mt 7:21). No porque la canción hable de Dios ya sirve para la liturgia. Realmente hay que tener mucho cuidado con esto.

A veces se conoce como "música sagrada", otras veces, "música religiosa" o "música de iglesia". Pero no significa que sean apropiadas para la liturgia.

"*Música sagrada*" puede ser tanto una pieza gregoriana como una música hindú o china; lo mismo sucede con la expresión "*música religiosa*". "*Música de Iglesia*" puede ser la música que se hace en la iglesia, bien sea la música destinada a una celebración o la que es apropiada para un retiro. Y aunque se le llame "de iglesia", no significa que necesariamente esté apropiada para una celebración litúrgica.

Podemos encontrarnos algunos ejemplos de lo que pretendemos decir. Aunque es música que suene en las iglesias, no necesariamente es apropiada para la liturgia. Por decir algunas, señalemos la marcha de *Aida*, *Carmen*, de Bizet, la *Misa de la Coronación* de Verdi, la *Misa en si menor* de Bach, la *Marcha nupcial* de Mendelsshon, "*En este mundo que Cristo nos da*"-'*Blowin in the wind*' de Bob Dylan, "*Gloria, gloria, aleluya*"-'*When the Saints Go Marching In*'...).

A la música que se utiliza para el culto en la asamblea cristiana fuera mejor llamarle «música de liturgias cristianas» o «música ritual de los cristianos», o

---

[1] A pesar de ser una buena intención, en caso de "cantar-la-misa" impida la más plena participación de los fieles, se debería optar por esta, la participación, aunque eso signifique "cantar-en-la-misa".

sencillamente «música litúrgica». Los otros nombres son fuente de confusiones y malentendidos, a veces acalorados.

En efecto, lo que caracteriza a la música en la celebración litúrgica es que está ordenada por entero al cumplimiento del rito. La música litúrgica es ante todo un «instrumento» que ha de permitir comulgar en una misma acción, aclamar, meditar, proclamar, etc.

2. La música al servicio de la asamblea que celebra

La música no debería ser un obstáculo para la comunidad celebrante. La música debe estar al servicio de la asamblea que celebra. Siendo la música una de las artes, hay que evitar la trampa del arte por el arte, es decir, la idolatría de la música. Es cierto que la música bien ensayada y practicada con los fieles ayuda a la celebración, pero, al mismo tiempo hay que recordar que la Iglesia no es el lugar para una educación popular en torno a la música. Aunque el templo de la iglesia puede ser lo más apropiado para cierto tipo de música, por ejemplo, la música clásica, conviene recordar que la iglesia tampoco es una «casa de la cultura».

En la elección de la música y del canto, la asamblea es lo primero. Tanto la música que hace como la que escucha, es ante todo su música, y no la de «los que saben».

3. Diferentes tipos de cantos y características propias

En la Celebración Litúrgica podemos distinguir diversos tipos de cantos:

- Algunos de ellos acompañan la realización de algún rito o acción litúrgica, mientras que otros son la misma acción litúrgica.
- Otros son aclamaciones breves, himnos y cantos más extensos.
- Algunos pueden ser recitados, mientras que otros deben cantarse.

Estos diferentes cantos permiten manifestar mejor el carácter festivo de la celebración litúrgica, acentuar sus diversos matices y animar la participación de los fieles.

a) Aclamaciones

Pertenecen por derecho a toda la asamblea (IGMR, N° 35), Y son el género más característico de sus intervenciones en la Celebración. Pueden ser responsorios, invocaciones, letanías…

La aclamación es una de las formas más populares de expresión de los sentimientos interiores, tanto en la liturgia como en el deporte o en otras circunstancias sociales. Por ejemplo, en una manifestación, sea de protesta o de homenaje, encontramos que los participantes intervienen con frases gritadas o cantadas.

En la Celebración de la Eucaristía la comunidad interviene, también, con aclamaciones breves pero llenas de contenido, de melodía festiva, intensas por naturaleza; su característica principal es el clamor ya sea de gozo, de súplica o de exaltación.

Una aclamación no es un canto de meditación, ni una salmodia, ni un himno, en su contenido encierra un sentimiento de alegría, de alabanza.

Estas aclamaciones son:
- El *"Kyrie eleison"* o *"Señor ten piedad"*,
- Las respuestas a la Palabra de Dios: *"Te alabamos Señor"*, *"Gloria a ti Señor Jesús"*,
- El *"Aleluya"*, el *Santo*,
- Anamnesis: *"Anunciamos tu muerte..."*.
- El *Gran Amén*.

Con estas aclamaciones la asamblea interviene y expresa su sintonía con la Celebración.

b) Cantos procesionales

Tienen un sentido comunitario con fuerte conciencia de pueblo de Dios; el nombre viene porque en ellos se realiza una procesión, cuyo significado es caminar juntos al encuentro de Dios. La finalidad de estos cantos es acompañar una acción o más precisamente una procesión; por lo que su duración depende de la duración de dicha acción.

Son los siguientes:
- Canto de entrada,
- Canto de ofrendas cuando hay procesión,
- Canto de comunión.
- El canto de salida es también un canto procesional, cuando éste acompaña a los ministros que se retiran del altar.

c) Himnos y Troparios

Su característica es la alabanza, la acción de gracias y la glorificación de Dios por sus maravillas. Conviene aquí recordar lo que enseña San Isidoro de Sevilla acerca del himno: «El himno es un cántico de alabanza; es un vocablo griego que se traduce en latín como *«alabanza»* por ser un poema de alegría y de elogio. En su sentido propio, los himnos contienen alabanzas a Dios. Por lo tanto, si se trata de una alabanza y ésta no va dirigida a Dios, no es un himno; si contiene una alabanza y es una alabanza a Dios, pero no es cantado, tampoco es un himno. Ahora bien, si entraña una alabanza a Dios y además es cantado, entonces sí es un himno». San Agustín ya lo había dicho antes acerca del himno: *"La alabanza de Dios cantada, a eso se llama himno"*.

Los himnos en la celebración litúrgica tienen valor de rito o de acto en sí mismos y no están pensados para acompañar a una procesión o a un gesto, sino que se cantan solamente.

El *"Gloria"* es el más característico de estos himnos litúrgicos. En el canto después de la comunión puede usarse un himno bíblico como el Magníficat o el

Benedictus.

La palabra griega, *troparío*, designa una manera de canto que tiene algo de himno, de salmo responsorial y de letanías, y que se emplea sobre todo en los ritos orientales, acompañando las procesiones.

El troparío es como una antífona más prolongada. Suele estar formado por una estrofa cantada por el coro, un estribillo respondido por la comunidad, un versículo cantado por un solista, de nuevo el estribillo de la comunidad. Esta estrofa es más larga que una antífona, más de tipo hímnico y lírico, mientras que los versículos están pensados a modo de «tropos» cantados por un solista, con respuesta más breve de la comunidad. Es un género de canto, por lo tanto, que conjuga bien los tres protagonistas: la asamblea, el coro y el solista.

d) Otros

Existen otros cantos; cada uno de ellos responde a una finalidad concreta dentro de la celebración litúrgica.

- Estos cantos tienen también valor de rito o de acto, es decir, tienen un fin en sí mismos, como el *Salmo Responsorial.*
- Acompañan a un rito como es el *Cordero de Dios.*
- El *Credo* o *profesión de fe* que no necesariamente es cantado, aunque alguna vez, excepcionalmente, puede serlo.
- Mención especial merece el *Padrenuestro*, que bien puede cantarse algunas veces, aunque no es recomendable hacerlo siempre, puede ser recitado lentamente por todos.

En el caso de que el *Padrenuestro* sea cantado, es mejor una melodía sencilla, capaz de ser cantada por todos los fieles, que ponga de relieve la importancia de las palabras más que la misma melodía musical.

No se trata de un canto, sino de una oración que puede ser acompañada por una melodía sencilla. Cuando es cantado, entonces la aclamación *"Tuyo es el Reino..."* también debería cantarse, manifestando mejor así su carácter de aclamación de la asamblea.

4. Problemas actuales del canto en la liturgia

La música y el canto en particular, son y deben ser algo normales y propios en la liturgia de la Iglesia, por lo tanto, los cantos no deben separarse de los ritos de la celebración para que no se conviertan en obstáculos de la misma, pues según la Iglesia Católica el canto es parte integrante de la acción litúrgica siempre y cuando responda y unifique la celebración en sí.

Existe gran cantidad de cantos religiosos que entonamos, pero con poco contenido bíblico, litúrgico y doctrinal, muchas veces lo único que hacen es favorecer el protagonismo del músico y no la participación activa de la asamblea; en algunas ocasiones las celebraciones mismas se convierten en espacio exclusivo para presentaciones musicales y algunas veces por intereses económicos.

Algunos cantos no responden al significado del rito que acompañan pueden contener mensajes humanistas valiosos, pero no ser litúrgicos, es decir, no tienen nada que ver con las lecturas o la celebración del día. Otros cantos, aunque tal vez muy hermosos, tienen un sentido tan personalista que hacen perder el sentido de comunidad.

La preparación o el ensayo es importante no solamente para los miembros de los ministerios de música sino también para la comunidad. El ministro cantor debe establecer una comunión directa con la asamblea sobre los cantos que va a interpretar. Se pueden introducir nuevos cantos, poco a poco, para las celebraciones con el fin de no caer en la tentación de decir que siempre se cantan los mismos porque si no, la comunidad no canta. Esto hace necesaria la estrecha colaboración del ministro cantor con el sacerdote para que éste permita los ensayos previos que serán la puerta de entrada a la renovación del repertorio de siempre.

La celebración litúrgica debe ayudar a los fieles a estar en comunión con Dios, en actitud de oración, por este motivo debe haber una plena armonía entre los ritos y los cantos de lo contrario la música puede convertirse en un elemento distractor y desviar la tónica de la Eucaristía.

Existe también otro problema en la liturgia en relación con los cantos que no necesariamente es causado por los cantores o los músicos sino por los compositores de la música litúrgica. Podría parecer un sin sentido, pero tiene su razón de ser. En los cantos que son ritos por sí mismos, la repetición de un estribillo sólo sirve para redundar. Algunas veces nos encontramos con aclamaciones que se repiten en parte o en todo, otras, hay salmos cantados que hace repetir cuatro veces la respuesta cantada. Este problema es también común en el canto del *Gloria* y frecuentemente se puede observar en el canto del *Santo*.

Lo que indicamos a continuación es útil para ministerios de música, para ministros cantores encargados regularmente de algún servicio litúrgico como para aquellos músicos que ocasionalmente desempeñan este papel al ser contratados por los oferentes de una eucaristía. Es decir, esto aplica lo mismo al coro que participa en la eucaristía semanalmente como al Mariachi, Trio, Banda o Coro que viene ocasionalmente. Aplica al músico solista, integrante de un ministerio musical o director de él. Los objetivos que se pretenden son los mismos a la hora de cantar en una celebración de la Eucaristía.

Antes que nada, cabe recordar que el ministerio de música requiere una fe sincera y bien formada. Muchas veces se oye decir: *"Yo le canto a Dios"*, no como una expresión sincera sino con la intención de menospreciar la comunidad. En tal caso, eso no es ministerio. Pues si no ha habido una experiencia de fe previa que lleve a la persona a querer desarrollar este ministerio será muy difícil que se realice con alegría y entrega. Por eso mismo, aunque el músico está en una situación diferente en la asamblea, no debe olvidar que es parte de la misma; que también celebra su fe con la asamblea, aunque de un modo diferente.

El *ministerio de música* debe estar formado por un grupo de personas que tienen ciertas capacidades para la música y el canto y que coordinan todo lo relacionado en las celebraciones litúrgicas, sirviendo de apoyo a la asamblea y no suplantándola. Al mismo tiempo son los encargados de preparar, catequizar y animar la asamblea para que haya una buena participación; los ministerios de música deben estar en comunicación con el sacerdote celebrante para la preparación de la celebración.

Algunas de las tareas que tienen los ministerios de música:

1. Reunirse como grupo para preparar y ensayar los cantos de las celebraciones en las que van a participar.
2. Animar con el canto la celebración litúrgica y suscitar la participación de toda la comunidad congregada.
3. En el grupo alguien debe asumir la dirección de los cantos para evitar el desorden.
4. Al preparar los cantos deben comunicarse con el párroco o sacerdote celebrante con la debida antelación y leer los textos de las lecturas propuestas para saber cuál es el énfasis de la celebración, tiempo litúrgico y fiesta.
5. Prepararse musical y catequéticamente para tener un conocimiento cada vez más claro de los diversos elementos de la celebración.

No sólo los ministerios de música deben prepararse para la animación musical de la celebración eucarística; la comunidad también, pero con ayuda del ministro del canto. El cantor debe hacer pequeños ensayos con la comunidad antes de la celebración para dar a conocer los cantos que interpretará y sobre todo si la asamblea debe participar cantando algunas respuestas por ejemplo en el salmo, el cordero de Dios; o quizá la introducción de un canto nuevo.

Si la comunidad cuenta con equipo de liturgia, los responsables de los coros deben formar parte del mismo para que todo marche bien en la celebración.

La celebración litúrgica ha de ayudar a los fieles a estar en comunión con Dios, en actitud de oración. Por eso es importante la plena armonía entre los ritos y los cantos, pues la música debe ser una herramienta que facilite la oración y no un estorbo.

5. La Música Instrumental

Aunque no es indispensable —en la liturgia oriental no se utiliza—, los instrumentistas hacen un verdadero servicio a la asamblea que celebra.

• Acompañan y por tanto facilitan el canto.

• Crean un ambiente sonoro para los ritos y «visten» el espacio.

• Enriquecen la celebración con la ejecución de obras significantes.

• Pueden a veces, de forma subsidiaria, expresar la voz de la asamblea.

• Pueden, finalmente, aportar la riqueza de un lenguaje más nuevo, que no podría utilizar la asamblea y que es significativo de la radical novedad del evangelio.

6. La audición

A este propósito, no olvidemos que la audición es también una forma de participación. Podemos distinguir tres tipos de audición:

1. La *audición distendida*. Lo mismo que en una recepción se toca algún disco o cd, también el coro o el organista que toca una pieza antes de empezar la misa hacen más acogedora a la iglesia y crea un clima especial.

2. La *audición indirecta*. Es el caso de la música en una película. En la iglesia, la música que acompaña a una procesión o que sirve de fondo sonoro a las palabras.

3. La *audición directa*. Aquí la música hace el rito. Por ejemplo, durante una boda en la que la gente no canta, pedirle al coro u organista que haga un gesto musical de aclamación después de intercambiar el consentimiento.

7. La música registrada

Se llama música registrada a aquella que ha quedado grabada en un medio físico. Como los casetes y discos compactos. En relación a la celebración litúrgica esta música representa un verdadero problema. Muchos acuden a ella por suplencia, para llenar el vacío en una celebración. Al escoger la música se siguen criterios que nada tienen que ver con la liturgia. Son frecuentes las ocasiones que gente de la misma comunidad pide tener la oportunidad de usar un disco compacto para la entrada de la celebración.

Recuerdo hace muchos años, en una parroquia, tenían grabadas cierta cantidad de misas diferentes, con sus respectivos cantos en donde el instrumento principal era el mismo órgano de la iglesia. La diferencia de ritmo entre la asamblea y la música era evidente. A veces parecían ir en direcciones opuestas.

Hasta ahora la utilización de medios electromecánicos en la liturgia está prohibido. No hay nada que pueda sustituir la presencia de personas reales, en carne y hueso, en la celebración litúrgica.

8. El Canto

En la tradición judeo-cristiana siempre ha destacado el canto sobre la música instrumental. La iglesia ha privilegiado el canto porque está ligado a la palabra, cosa que tiene un lugar importante en la liturgia.

Pero, ¡cuidado! Un canto no es un texto salpicado de música. Dos aires musicales distintos hacen decir otra cosa a un mismo texto. El texto y la música actúan mutuamente entre sí; la segunda ofrece un elemento inefable. Hay que tener en cuenta la globalidad del canto que se elija en cada celebración.

Hay que conocer además las relaciones entre el canto y la música, que podríamos caracterizar en tres tipos generales:

- 1er. tipo: La música sólo sirve para sostener la palabra, como si fuera una humilde esclava de la misma. Tal es el caso de la recitación, de la salmodia, de la cantinela (por ejemplo, el canto del prefacio o del Padrenuestro, versión del misal).

- 2do. tipo: La música entra en simbiosis con la palabra. Es el caso de un himno o de un cántico bien hecho. No se puede decir qué es lo más importante: las dos van a la par.
- 3er. tipo: Predomina la música y el texto es casi sólo un «pretexto», por ejemplo: el aleluya gregoriano con sus largas guirnaldas melódicas. La palabra «aleluya» se hace música.

El canto está ligado a la fe. Lo mismo que se dice: *"Lex orandi, lex credendi"* (así como se reza, así se cree), se podría decir «*Dime lo que cantas, y te diré lo que crees*». El canto refleja la manera de creer. Fíjese cómo en los últimos años se han introducido algunos cantos que no deberían tener lugar en la liturgia, aunque nos parezcan muy bonitos. Algunos de ellos promueven el individualismo separándonos de la experiencia de comunidad. Otros son notablemente de origen protestante.

Hay que tener en cuenta que cantar es un gesto. No sólo un gesto vocal, sino un gesto de todo el cuerpo.

Unas veces es un gesto comunitario; por eso el canto ocupa un lugar tan amplio en la participación de la asamblea, porque facilita una expresión colectiva. Otras veces es un gesto realizado por uno solo en nombre de todos (el animador, el diácono o el sacerdote).

Pero no hay que olvidad que cantar es un gesto ritual, bien porque constituye el rito (por ejemplo, aclamar, «aleluya»), bien porque acompaña al rito (por ejemplo, el canto de comunión). En este nivel, si se canta como es debido, puede darse por descontado que el rito se realizará. Si escojo un buen aleluya, bien aclamatorio, y si todo concurre a que sea realmente cantado como tal, el rito se realizará.

Y en otro nivel, el nivel simbólico, el canto produce sentido. Como hemos visto, nadie lo puede dominar, nos arrebata, nos impresiona, nos sacude, nos sorprende, nos choca, etc.

3. EL CORO Y EL MINISTRO CANTOR

No se debe olvidar que, como ministerio, el coro está en función de la asamblea que celebra. Para realizar este servicio, los miembros del coro necesitan prepararse y evitar todo comportamiento inútil que les estorbe en el buen desarrollo de su tarea, poniendo atención especialmente a la celebración eucarística en todas sus partes y a un buen volumen de su participación

A. Función ministerial del coro

Para que el coro sea un verdadero ministerio debe:
a) Promover la participación de los fieles en el canto
El ministerio de música es parte integrante de la asamblea y merece un reconocimiento especial, Sin embargo, el coro no es superior al resto de la asamblea, está al servicio de la asamblea.

A los cantores les corresponde, en virtud del ministerio litúrgico que desempeñan, "promover la participación activa de los fieles en el canto" (*Musicam Sacram*, 19).

El ministerio del coro debe tomar cada vez mayor conciencia del sentido que tiene su participación en la celebración; estar al servicio de la asamblea. El canto de la asamblea ocupa el lugar principal.

Al coro le corresponde:
- Enriquecer el canto del pueblo (solistas, polifonía, diálogo...)
- Crear espacios de descanso que fomenten la contemplación (silencio, instrumental...)
- Dar colorido a cada una de las celebraciones del año litúrgico (distinguir y resaltar las que fiestas y solemnidades, así como los diversos tiempos litúrgicos).
- Animar el canto de la asamblea.

b) Servir, no dominar

Desde el momento que hablamos de *"ministerio"*, debemos tener en cuenta que se trata de un servicio, no de un privilegio. Mucho menos de un derecho adquirido.

Es una pena que en los últimos años se ha venido observando en los que sirven en las comunidades una tendencia a considerar que son como dueños de lo que hacen. Y esto sucede no solamente con los encargados de la música, sino que más bien va siendo una práctica común con todos los que ejercen un ministerio.

Hay que tener en cuenta que el servicio es un *"ministerio"*, o, lo mismo, que el ministerio es un servicio que se hace en favor de los otros. Cuando alguien realiza un ministerio o servicio, como éste, no lo está haciendo a Dios, lo está haciendo a sus hermanos. Cuando se canta, se hace para que la comunidad cante a Dios; cuando se lee, se hace para que la comunidad escuche a Dios. Hacer un servicio ante la comunidad tiene un significado profundamente especial: se sirve a Dios en los hermanos. Cantar es algo que se puede hacer en cualquier lugar: en su casa, en el trabajo, en el baño... Pero hacerlo ante la comunidad tiene un significado profundamente especial: se sirve a Dios en los hermanos. Tal vez por eso el apóstol Juan lo dijo en su primera carta de esta manera: «Si uno dice *"Yo amo a Dios"*, y odia a su hermano, es un mentiroso. Si no ama a su hermano, a quien ve, no puede amar a Dios, a quien no ve». (4, 20). Hablando en términos de ministerio, se podría decir: «Si uno dice: *"Yo sirvo a Dios"*, y no sirve a su hermano, es un mentiroso. Si no sirve a su hermano, a quien ve, no puede servir a Dios, a quien no ve».

B. Al servicio de la asamblea

Perfil del ministro cantor

- El ministro cantor debe ser una persona capacitada litúrgica y musicalmente. Sus interpretaciones deben ser musical y vocalmente bellas y reproducidas en el momento indicado.
- Condición indispensable que sea católico.
- Debe procurar tener un repertorio musical variado pues cantar en todas las celebraciones las mismas canciones no sería muy grato para sí mismo ni para la asamblea, es decir, que el ministro cantor debe disponerse a capacitarse y a formarse constantemente.
- Es necesario que esté consciente que su servicio es de carácter público, que estará expuesto a la crítica, algunas veces no muy constructiva. No faltará el momento en que reciba buenos o malos comentarios acerca de su labor. Antes de tomarlo a mal debe revisar su desempeño y, de ser necesario, hacer las correcciones debidas.

Deberes del ministro cantor

- Favorecer la participación activa de los fieles en el canto.
- Por el desempeño de un ministerio litúrgico debe darse a conocer como personas de bien.
- El ministro cantor debe estar en un lugar visible, pero al mismo tiempo discreto. Bien visible para que pueda transmitir devoción, seguridad y confianza. Pero discreto, para que nunca se convierta en centro de la celebración. En constante comunicación visual con el presidente de la asamblea.
- Nunca debe suplantar a la asamblea en las respuestas al salmo, las aclamaciones, el Santo.
- Si se carece de una formación musical, al menos debe tener buen oído y buena voz para el canto, pues de otra manera no podría ser guía de la asamblea.
- Debe procurar cantar con la asamblea y no cantar para la asamblea.
- Formarse litúrgica y espiritualmente para que al desempeñar su función religiosa pueda transmitir espiritualidad al cantar.
- Participar plenamente en la celebración de la misa. Aunque su responsabilidad le exige un modo de estar diferente al de la asamblea, debe recordar que también es parte de la celebración. Por eso ha de escuchar atentamente la Palabra que se proclama y acompañar en la oración.

a) El animador del canto

Como *animador del canto* cumple en parte la función tradicional del diácono (sobre todo en oriente), que consiste en poner en relación «el coro y la nave».

Ayuda a la asamblea a expresar su alma («*anima*» en latín), especialmente por medio del canto. Su trabajo consiste en pequeños servicios: señalar una página, iniciar el canto, pero también, si puede, ayudar a la asamblea en la ejecución del mismo, por medio del gesto.

En los cantos dialogados, si no hay coral, es el que canta los versículos, pero se calla cuando le toca cantar a la asamblea.

Ha de tener un papel eficaz y discreto: el primer animador es el presidente. Tiene que aprender a hacer todo lo que se necesita, pero no más, o sea, no intervenir más que cuando es indispensable Así ganará en eficacia.

b) El coro

Es a la vez una parte de la asamblea y su pareja. Este doble papel ha de inspirar la elección de su sitio en la celebración.

Los cantores no deben olvidarse de que son el reflejo de la asamblea ¡Dichosas las parroquias en las que dice la gente «El coro también reza»! ¡Y dichoso el coro en donde los cantores dicen «El director también reza!»

Esta exigencia lleva consigo exigencias técnicas (partituras en orden, conocimiento exacto del programa, soltura de entonación al empezar, etc.), que no conocen los coros de concierto.

El coro está al servicio de la asamblea y tiene que facilitar su toma de palabra, por eso tiene que resistir a la tentación, siempre gratificante, de la polifonía, hasta que la melodía no esté bien asimilada por la asamblea. Tiene que saber renunciar a una pieza que le guste, si no se íntegra debidamente en el desarrollo de la celebración, etc.

Además de su función de pareja de la asamblea, enriquece, lo mismo que los instrumentistas, la celebración con nuevas significaciones.

c) El organista

No es el órgano el que toca, sino un(a) organista, una persona de carne y hueso, un creyente. Tiene que asociarse lo más posible a la preparación litúrgica y conocer suficientemente de antemano el desarrollo de la liturgia en sus menores detalles.

Hay que respetarle, saber, por ejemplo, que no se interrumpe tan fácilmente una fuga de Bach. Hay que buscar con él o con ella la explotación de todos sus talentos y las riquezas de su instrumento al servicio de la liturgia.

En una palabra, se espera del animador, de la coral y de los instrumentistas las cualidades propias de todo ministerio litúrgico.

C. Necesidad de la formación

La *Sacrosanctum Concilium* dice:

>«28. En las celebraciones litúrgicas, cada cual, ministro o simple fiel, al desempeñar su oficio, hará todo y sólo aquello que le corresponde por la naturaleza de la acción y las normas litúrgicas».

>«29. Los acólitos, lectores, comentadores y cuantos pertenecen a la *Schola Cantorum*, desempeñan un auténtico ministerio litúrgico. Ejerzan, por tanto, su oficio con la sincera piedad y orden que convienen a tan gran ministerio y les exige con razón el Pueblo de Dios».

Con ese fin es preciso que cada uno, a su manera, esté profundamente penetrado del espíritu de la Liturgia y sea instruido para cumplir su función debida y ordenadamente.

La sencillez no está reñida con la calidad. En el mundo en que vivimos se cuenta con muchos recursos profesionales y tecnológicos, que pueden contribuir a la formación de los miembros del coro.

Los cantos religiosos no demandan grandes conocimientos musicales para ser interpretados, esto no quiere decir que cualquier persona que medianamente interprete un instrumento se atreva a hacerlo, hay que tener cierto concepto para reconocer si musical y litúrgicamente lo hacemos bien o debemos mejorar, si es lo segundo, no dudemos en capacitarnos pues fácilmente podemos desviar o dañar el carácter religioso de un encuentro espiritual entre la asamblea y Dios.

D. Triple Formación del coro y el cantor

La preparación del ministerio de música o coro no sólo consiste en ensayar y aprender cantos nuevos. El documento *"Orientaciones Pastorales sobre Música Sagrada"* de la Conferencia del Episcopado Mexicano, en el número 24 indica:

«A todos los ministros litúrgicos del canto y de la música, especialmente a los jóvenes, habrá que ayudarlos cuidadosamente en tres líneas de formación fundamentales:

a. *Formación cristiana.* Para que conozcan y amen más a Cristo y a la Iglesia, y su vida sea verdaderamente cristiana. Su ministerio no puede ser auténtico si no hay coherencia entre la fe y la vida diaria.

b. *Formación litúrgica.* Para que su aportación esté cada vez más a la altura de lo que su servicio a Dios y a la comunidad pide, y así puedan ellos mismos celebrar y vivir su fe, y ayudar a los demás a que la celebren y vivan.

c. *Formación técnica.* Puesto que la música sagrada es un arte, y por lo mismo tiene una disciplina, requiere de técnicas de la voz y de los instrumentos para que exprese con auténtica belleza la fe que celebra».

Este proceso de formación puede realizarse oportunamente en la participación de retiros, enseñanza programada, y sobre todo en la oración personal y en común de los miembros del ministerio y una vida sacramental estable.

Con el acompañamiento de algún sacerdote o una persona preparada en esta área pueden estudiarse los documentos de la Iglesia relacionados con la Liturgia y la Música sagrada, participar en cursos sobre el tema, investigación personal y en grupo, etc.

La habilidad de poder leer una partitura, de conocer los ritmos, el tiempo… todo lo que tiene que ver con la teoría musical. La vocalización y técnica del canto puede aprenderse ya sea usando los recursos de personas preparadas en tales artes que muchas veces están disponibles en la comunidad o bien a través de los recursos de la técnica moderna.

De momento lo más importante con que contamos en el proceso formativo de los miembros de los coros son los momentos de ensayos. Ayudan a la preparación y posterior ejecución de los cantos en las celebraciones litúrgicas para que éstas se desarrollen con armonía y belleza.

Por eso deben estar bien programados, saber con anticipación qué es lo que se va a ensayar, proporcionar el material para todos los miembros, puntualidad y orden.

Es importante también realizar ensayos con el pueblo, con la asamblea, para ir formando un "repertorio popular", que favorezca la real participación de la comunidad en las celebraciones.

E. Comportamientos que debe evitar el ministro cantor

1.   **Espectáculo**. Un animador del canto debe mostrarse sobrio y no espectacular. No es protagonista ni centro de atención sino uno de los elementos que posibilitan el óptimo desarrollo de la liturgia. Entender que jamás la liturgia debe estar al servicio de la música, sino al revés. Se debe buscar la participación de la gente en los cantos que son propios para ser cantados por el pueblo.

2.   **Improvisación.** Cuando no se tenga la certeza de interpretar bien un canto es mejor no hacerlo pues cantar mal obviamente llama la atención. Por el contrario, hay ministros que llaman la atención con la majestuosidad de sus interpretaciones, cantos tan elaborados y adornados imposibles de cantar por la comunidad. Ambos extremos deben evitarse.

3.   **Falta de preparación**. El ministro del canto debe evitar los pequeños ensayos antes de cada canción porque esto distrae a la asamblea y el presidente de la celebración puede incomodarse. Lo que va a tocar ya debe estar dispuesto para interpretarse.

4.   **Impuntualidad**. La puntualidad es de suprema importancia cuando se presta un servicio musical. Se aconseja al ministro cantor tener presente la hora de inicio de la Eucaristía, considerar la hora de salida y el tiempo de desplazamiento hasta el templo, procurando llegar por lo menos veinte minutos antes para que pueda instalar los equipos con calma, sin tener que pasar con instrumentos por el lado de los oferentes o peor aún por el lado del féretro si es el caso. La puntualidad es también importante y necesaria para los ensayos.

5.   **Falta de coordinación**. No hay que olvidar que la presidencia de la celebración la tiene el sacerdote. Siempre es recomendable coordinar con el sacerdote sobre los cantos que se emplearán en la liturgia del día. Mucha más razón de coordinar cuando se toca en una parroquia diferente y no se conoce al sacerdote, es pertinente ir a presentase y manifestarle que se va a cantar en la eucaristía; así se coordinará con él lo referente a la liturgia o si él sugiere un canto especial.

6.   **¿Una o dos lecturas?** No hay que asumir que todas las celebraciones son iguales. A eso se debe que a todo lo que hace el sacerdote se le llame misa. Además, los sábados después de las cuatro de la tarde ya corresponde celebrarse la vigilia de la misa dominical. Es bueno acercarse y preguntar, no sea que se cante al Evangelio cuando termina el Salmo sin haberse proclamado la segunda lectura.

7.   **Atuendo inapropiado.** El atuendo usado por el ministro cantor debe ser adecuado, no podemos presentarnos con vestido informal en una eucaristía de Matrimonio o en unas exequias. Aquí sería bueno tener sentido común a la hora de vestirse.

8.   **El Celular.** Los equipos de comunicación (celular, radio) deben apagarse durante la celebración. Es reprobable la interferencia del sonido de estos aparatos y más aún contestar una llamada en el curso de la Eucaristía.

9.   **Falta de Urbanidad**. El chicle, el barullo con el compañero, los comentarios, la risa... naturalmente no deben estar presente en los ritos eucarísticos, además es cuestión de simple urbanidad

F. Partes o momentos de la misa que se deben cantar o que debe intervenir el ministro cantor

En distintos documentos de la Iglesia se indica una jerarquía de los cantos diferente a la que proponemos. La razón del orden de los cantos a continuación se debe a la importancia de los mismos en la celebración.

1. El Santo

Aún en el peor de los casos, en que no haya canto ni cantor en la celebración eucarística, al menos se debería cantar el Santo.

Es una pena que se ignore o pase por alto las mismas palabras que concluyen el prefacio: "[...] nos unimos a sus voces, cantando humildemente tu alabanza: Santo es el Señor..."

2. El Gloria

Es un canto que pertenece al ordinario de la misa, cuya letra no debe tener variación. Con él nos unimos a los ángeles que cantan la gloria del Señor

3. El canto de la Comunión

Este canto procesional acompaña el caminar de la asamblea al encuentro con el Señor en la eucaristía.

4. El canto de entrada

Es otro canto procesional que marca el carácter celebrativo de la fiesta a la que nos congregamos. Es el canto que va a poner en sintonía el tono de la asamblea.

5. Canto de presentación de ofrendas

Durante la preparación de las ofrendas se puede cantar para ofrecernos al Señor junto con nuestras voces.

6. El Salmo Responsorial

En lo posible se debería cantar el salmo responsorial, aunque esto puede ser un reto tanto para los ministros de música como para la asamblea, porque el salmo cambia cada día. Sería bueno procurar cantarlo los domingos y días de fiesta.

7. Los cantos del ordinario de la misa

Son los cantos que regularmente no tienen mucha variación. Entre ellos encontramos:

a) Aclamación al Evangelio (el *aleluya* o *responsorio* en cuaresma)
b) La aclamación a la anamnesis (*Anunciamos tu muerte...* o cualquiera de las otras dos)
c) El *Amen* al final de la plegaria eucarística
d) El *Cordero de Dios* (Agnus Dei)
e) *Señor, ten piedad* (Kyrie Eleison)
f) El *Padrenuestro* y su embolismo
g) La profesión de fe (Credo)

8. Cantos opcionales

No son necesariamente parte de la celebración, pero podrían ser cantados.

a) Canto de oración después de la comunión: Generalmente de acción de gracias.
b) Canto de salida: no forma parte de la Misa. Puede utilizarse un canto de envío.
c) O bien puede emplearse un canto a la Virgen María.

9. Cuando no hay canto

Tanto al momento previo del inicio de la celebración como antes de la comunión, el misal romano incluye dos antífonas: La antífona de entrada y la antífona de comunión. Se recomienda que se canten o al menos se digan. Si la asamblea no dispone de ellas y no las puede decir, al menos deben ser dichas por el sacerdote celebrante.

G. El sonido en las celebraciones eucarísticas

Para que haya una comunicación efectiva en el servicio de la música, en la sonorización de un evento litúrgico el sonido debe ser:

1. *Clara*: La acústica de un lugar suele restarle claridad al mensaje. Se debe tener presente que en nuestros templos la acústica suele tener demasiada reverberación.

2. *Buen Volumen*: El sonido en toda la sala no debe ser demasiado débil, pero tampoco demasiado fuerte.

3. *Agradable:* Solemos enfrentarnos al problema de la mala calidad de los elementos del equipo de sonido, asociado también a que ciertas frecuencias sonoras resuenan más fuerte que otras. Todo esto hace que el sonido resultante no sea agradable.

A veces pasamos por alto la importancia del equipo de sonido para una comunicación efectiva de nuestro mensaje. El equipo de sonido es como un instrumento musical, debe ser utilizado con mucha estética, porque el sonido forma parte de lo necesario para que la música que tocamos. El ministerio de música es lo que más requerimientos de sonido demanda en una celebración religiosa.

Conviene que quien maneja el sonido tenga pericia y a la vez la espiritualidad y visión de servicio.

Hay que tener paciencia y disposición a la hora de manejar el sonido pues este sólo llama la atención cuando se escucha mal; cuando todo suena bien pocos se percatan del excelente servicio.

Cantar en las misas es todo un arte que se debe ir aprendiendo y enseñando. No basta con tocar bien y cantar bonito. La sonorización también es importante.

Se debe evitar tanto el que no se oiga bien como el que la música tape el canto.

En este asunto, deberíamos aprender de los músicos del mundo del espectáculo. Así, por ejemplo, como de Juan Gabriel (qepd), Vicente y Alejandro Fernández, etc. En todos ellos se observa un adecuado volumen de los instrumentos y la voz de la canción. Le recomiendo hacer esta tarea: escuche una canción de Vicente Fernández. Observe primero el adecuado volumen de la música con relación a la letra de la canción. Observe, también, como al final de las palabras pasa a un tono más suave. ¿Verdad que, si Vicente cantara en misa, todos participarían?

4. EL CANTO EN LA ESTRUCTURA DE LA CELEBRACIÓN EUCARÍSTICA

Si preguntáramos a los miembros del coro cuáles los cantos que la liturgia requiere que sean cantados en primer lugar, o los que son más importantes, muchos se sorprenderían al ver que no pueden atinar con la respuesta correcta.

Siguiendo la estructura de la Celebración Eucarística, haremos un recorrido por sus principales partes y sus cantos propios, a la vez, se señalan los criterios propios para cada uno de ellos.

A. La música y el canto al servicio de la asamblea que celebra.

Jesús confió a su Iglesia un doble mandato: El anuncio del Evangelio y la actualización sacramental de su muerte, resurrección e ida al Padre. La Iglesia ensambló muy pronto estos dos mandamientos en una única acción. La *Liturgia de la Palabra* y la *Liturgia de la Eucaristía*, tan íntimamente unidas que constituyen un sólo acto de culto: La Misa.

A estas dos partes fundamentales preceden y siguen los *Ritos Iniciales* - al principio - y el *Rito de Conclusión* - al final de la Misa.

Los *Ritos Iniciales* comprenden: El canto de entrada, el Saludo y Monición de Entrada que corresponden al sacerdote que preside. El acto penitencial o petición de perdón, con diferentes formas. El Gloria, en los domingos, solemnidades y fiestas. Y se termina con la primera oración, "oración colecta", así llamada porque intenta recoger las intenciones particulares de todos.

La *Liturgia de la Palabra*: Comprende, especialmente los domingos, solemnidades y algunas fiestas, la lectura de un fragmento del Antiguo Testamento, el canto o rezo del Salmo Responsorial, a modo de respuesta, de ahí su nombre, una lectura del Nuevo Testamento, seguida de la aclamación antes de la lectura de un fragmento de los Evangelios. En los días ordinarios, sólo se tiene una lectura ya sea del Antiguo o Nuevo Testamento, el salmo y el Evangelio. La homilía, que forma parte normal de la liturgia y la Oración

Universal u Oración de los Fieles. Además, en los domingos y solemnidades el Credo, reafirmación de la fe, con sus diferentes formas.

La *Liturgia de la Eucaristía*: Integrada por la Plegaria Eucarística y el Rito de la Comunión.

La *Plegaria Eucarística* que es "el centro y cumbre de la celebración", comprende:

- La acción de gracias, a través del *Prefacio*, que no es prólogo o proemio sino proclamación del misterio o santo que celebramos. Y que nos lleva a la aclamación del *Santo*.
- *Epíclesis* o doble invocación -antes y después de la Consagración- al Espíritu Santo para que nos asista en la conversión del pan y el vino y nos mantenga unidos "en un solo cuerpo y un solo espíritu".
- La *Consagración*, que es el relato de la institución de la Eucaristía con las mismas palabras y gestos de Cristo en la Ultima Cena.
- La *Anamnesis*, memorial de la muerte y resurrección que celebramos ahora.
- La *Oblación*, donde ofrecemos al mismo Cristo al Padre y se nos invita a ofrecemos nosotros también. Intercesiones, a favor de los vivos y difuntos.
- Y la *Doxología* final: Expresa la glorificación de Dios, que se concluye y confirma con la aclamación del Amén sonoro del Pueblo de Dios.

El *Rito de la Comunión*. Celebramos la Cena por encargo del Señor. Su Cuerpo y Sangre han de ser recibidos por todos, debidamente dispuestos.

La oración del *Padrenuestro*: Con sentido de preparación, respondiendo a la invitación-monición del sacerdote que preside, lo recitamos todos y nos damos la paz, oportunamente, a todos, figurados en los de nuestro entorno.

La *fracción del pan*. Más que un gesto práctico un gesto simbólico.

La *Comunión* y la *Oración Postcomunión*, para dar gracias por el don recibido. El pueblo hace suya esta oración con el amén, una vez más.

El *Rito de conclusión*: Tiempo para algunos avisos breves, si necesarios.

Bendición y despedida del sacerdote que preside.

Beso y despedida del altar, que representa a Cristo.

B. Criterios para la selección de cantos

Es conveniente hacer una selección de cantos previa a la celebración. Pero ¿qué criterios seguir?

Ante todo, no debemos olvidar que el canto es una expresión poética y festiva por la que manifestamos nuestros sentimientos, así como también nos compromete y crea comunidad.

Por todas estas cualidades y su significado el canto se hace parte integrante y necesaria de la Celebración, por lo cual su selección será cuidadosa.

Al hacer el programa de cantos para una celebración, nos haremos, primero, tres preguntas:

a) *¿Qué canto escoger?*

Habrá que atender al contenido, al texto del canto. Que los cantos estén inspirados en los textos bíblicos y litúrgicos, según el tiempo que se esté viviendo, o de la celebración en la cual van a cantarse; de tal manera que puedan ser una ayuda segura y fructuosa para los fieles.

b) *¿Para qué asamblea?*

Al elegir el canto, considerar la facilidad de ejecución y seguimiento por parte de los fieles, para que faciliten la participación de todos. Es conveniente también atender a los gustos y costumbres del lugar.

c) *¿En cuál celebración?*

Que los cantos expresen el sentido propio de esa celebración, es decir, si es la celebración de algún sacramento, un acto penitencial, o se encuentra dentro de determinado tiempo litúrgico.

También es necesario considerar los siguientes criterios:

a) *Criterio litúrgico*

Conocer el carácter de la celebración; si es fiesta, solemnidad, memoria, feria... asimismo el tiempo litúrgico.

Subordinar los cantos a la proclamación de la Palabra, respetar los textos litúrgicos, propiciar la participación de todos los fieles; también hay que variar las formas.

b) *Criterio pastoral*

Capacidad de adaptarse a situaciones concretas: lugares, personas, cultura, edades... tener en cuenta las necesidades de la asamblea o grupo de personas que participan en la celebración.

c) *Criterio musical*

La música debe ser técnica, estética y expresivamente buena. Aun tomando en cuenta el criterio y juicio pastoral, ha de evitarse lo barato o trivial. Ahora bien, no toda la música buena es apta para la Liturgia. Habrá que es forzarse en ampliar los repertorios para tener de donde elegir.

5. EL ORDINARIO DE LA MISA

El Ordinario de la Misa es la estructura general sobre la cual se articulan las distintas variaciones que puede haber en una celebración eucarística. Así, como hay unos ritos y gestos que se repiten de una misa a otra, también hay sus variaciones, de manera que resulta muy difícil, en cierto sentido eso de "repetir la misa". Hay variaciones en el Prefacio, en la Plegaria Eucarística, en la forma de introducir ciertas oraciones y hasta en algunas respuestas del pueblo.

Conviene conocer muy bien esta estructura de la misa. Es una forma de contribuir al proceso de formación litúrgica de los miembros del coro. Por eso consideraremos en esta parte cómo está estructurada la celebración de la Eucaristía.

I. Ritos Iniciales

Antes de empezar la Celebración Eucarística los fieles pueden reunirse para alabar al Señor o para aprender nuevos cánticos. Eso les posibilita configurarse como asamblea, formar una verdadera comunidad y crear una atmósfera de oración haciendo el tránsito de la calle al templo, de la distracción a la plegaria.

Ya se ha superado el mal gusto de llegar tarde a la misa. Y no nos referimos a una posible falta eventual de no estar a tiempo para el inicio de la celebración sino a la antigua costumbre que permitía la pregunta de si valía la misa si se había llegado a la lectura del Evangelio o en otra parte de la celebración. Ahora se llega temprano, se llega antes, porque se ha descubierto que la Eucaristía es una fiesta. Siempre lo ha sido. "*En la casa de Dios la fiesta es eterna. Allí no se celebra algo transitorio. La fiesta del coro de los ángeles es sin fin; la presencia del rostro de Dios produce una alegría sin límites. Allí el día de fiesta es sin apertura inicial, y sin final, sin clausura*"[2] .

Con frecuencia, durante este tiempo, se acoge a los hermanos porque haya alguien que los salude al llegar, porque algunos les indiquen los lugares más

---

[2] San Agustín, *Enarraciones sobre los Salmos*, 41, 9. BAC, Madrid, 1965, tomo II, pág. 16

apropiados, o porque se entonen algunos cantos de bienvenida.

Los Ritos iniciales o de apertura están integrados por:

    a. Procesión de entrada;

    b. Saludo y acto penitencial;

    c. Aclamaciones laudatorias; Señor, ten Piedad. Gloria.

    d. Oración personal y comunitaria (oración colecta).

Estos ritos iniciales tienen como finalidad congregar la asamblea y disponerla a recibir adecuadamente la Palabra de Dios, en ambiente de oración y espíritu de conversión, condición indispensable para llegar al rito sacramental.

El sentido de estos ritos es resaltar la fe en Dios que se hace presente en su pueblo; destacan la dimensión comunitaria, ya que nos reúnen como hijos de un mismo Padre, convocados por Él; motivan la conversión continua, para acercarnos al banquete de la Eucaristía. (*IGMR*, 46); animan la alabanza, como reconocimiento de la misericordia y la grandeza de Dios Trino y Uno. La asamblea, así constituida en los ritos iniciales, es signo fundamental de la presencia de Cristo (Cfr. *Sacrosanctum Concilium*, 7).

1. Canto de Entrada

El canto de entrada comienza desde el momento en que el sacerdote y sus ministros salen hacia el altar; y lo acompaña durante todo el trayecto que, si es largo, constituye la solemnidad de la entrada, y finaliza cuando éstos o éste se ubican convenientemente.

Terminado el canto de entrada, el sacerdote y toda la asamblea hacen la señal de la cruz. A continuación, el sacerdote, por medio del saludo, manifiesta a la asamblea reunida la presencia del Señor. Con este saludo y con la respuesta del pueblo queda de manifiesto el misterio de la Iglesia congregada.

El Pbro. Pedro Farnés, liturgista español, al referirse a este punto de Iglesia congregada, dice: "...*Cuando nuestras voces se unen en el canto y se funden con las de otros bautizados, más que nuestra propia oración personal, resuena ante la presencia de Dios la oración de su Hijo, pronunciada por labios de la Iglesia...*"[3]

Este canto de entrada debe tener más sentido de himno y de marcha que de meditación. La celebración entonces comienza con una marcha. En realidad, la asamblea congregada permanece en sus bancos y los que caminan son los ministros, pero toda la comunidad, como cuerpo, marcha con ellos motivada por el dinamismo del canto.

Si no hay canto de entrada, los fieles o algunos de ellos o el lector recitarán la antífona que aparece en el Misal. Si esto no es posible, la recitará al menos el mismo sacerdote después del saludo.

Ya en el siglo V, en Roma, se inicia la eucaristía con una procesión de entrada, acompañada por un canto. Hoy, como entonces, el canto de entrada es el primer elemento, más allá del mismo espacio físico dispuesto que reúne a la

---

[3] Cfr. Aldazábal, José., "*Canto y música*", Dossier Nro. 27 del CPL Barcelona, pág. 24.

asamblea con la celebración del día.

El canto de entrada tiene una función mistagógica, es decir, la asamblea necesita ser introducida en el momento que va a celebrar y para lo cual se la ha convocado, y el canto de entrada, por su texto y música, debe cumplir esta función; pero muchas veces nuestra realidad dicta lo contrario, y es habitual encontrar celebraciones con poca o ninguna introducción musical, y, lo que es peor, un grupo de músicos que se reúne "cada domingo," con su guitarra en el asiento destinado al coro del templo, sin ensayo, sin previa preparación ya sea a la asamblea o personal. El ensayo previo a la misa, sobre todo cuando los fieles no saben o no están seguros del canto, se hace conveniente y hasta necesario.

Otra realidad muy semejante en nuestros coros, es la que tiene relación con el estilo del canto, el cual muchas veces, más que ser una invitación a celebrar la eucaristía, se convierte en el concierto de un solista, quien se siente la "estrella de la fiesta" y no deja centrar la atención en el momento que nos preparamos a vivir.

Finalmente, ante la importancia de este canto, siempre es deseable la existencia de un coro que favorezca la participación comunitaria, motivándolo y sosteniéndolo.

El canto de entrada ayuda a poner a la asamblea en el estado de ánimo apropiado para escuchar la Palabra de Dios. Ayuda además a construir comunidad, donde el sujeto de la celebración es el mismo pueblo de Dios reunido en asamblea, en donde no existe el "yo" sino el "nosotros", yo no me reúno con otros, sino que nosotros estamos unidos en torno al altar.

La finalidad de este canto es abrir la celebración, fomentar la unión de los que se encuentran congregados ayudando al pueblo a volverse consciente de sí mismo como comunidad de culto, e introducirlos en el misterio del tiempo litúrgico y acompañar la procesión del celebrante y sus ministros y, al mismo tiempo, debe dar auténticamente el tono litúrgico del tiempo o del día, ya que es la primera impresión que los asistentes reciben (y así por ejemplo, si en Adviento una comunidad no sabe más que un canto propio de este tiempo, es mejor cantarlo en la entrada que en la comunión o al final) además sin que sea necesario se recomienda que esté muy acorde con las lecturas del día.

Si no hay canto de entrada, (porque no hay posibilidades, o bien porque algún domingo en Cuaresma, por ejemplo, para destacar la austeridad del tiempo, parece mejor no cantarlo) es necesario hacer una entrada en silencio, lo cual es algo distinto de "una entrada sin hacer nada". El silencio de entrada, en efecto, ha de ser vivido como verdadero inicio de la celebración, como primer acto colectivo de la asamblea reunida: la misa empieza cuando todos se ponen de pie y esperan la llegada del presbítero, y no cuando éste ha empezado a decir las primeras palabras.

Conviene que todos canten; que no sean espectadores mudos, que alaben a Dios con la mente, con el corazón y con la boca, todo lo hemos recibido de Dios; todo tiene que ser para Dios.

Existen algunas recomendaciones para que este canto procesional de entrada se convierta efectivamente en preparatorio e introductorio a la celebración eucarística.

1. Debe ser un canto comunitario, con una melodía en que haya movimiento y dinamismo, y un texto más bien sencillo, relacionado con el carácter de la celebración.

2. Un preludio instrumental puede contribuir a ambientar a la asamblea para el canto.

3. Debe ser un canto enteramente en consonancia con el momento celebrativo o el tiempo litúrgico, porque, de lo contrario, anula su función de ministerio o servicio y aunque sea muy bueno en sí mismo, se vuelve impropio. Por el contrario, un buen comienzo puede garantizar toda la calidad de la celebración.

4. Debe terminarse cuando el sacerdote llega a la sede, después de besar el altar o, si es del caso, incensarlo. Es un canto que acompaña una acción (procesión de entrada); no conviene que el que preside escuche de pie, largo rato, que termine el canto. Digamos también que el rol de este canto es unir las voces para unir los corazones, y por eso puede empezar antes de la misma procesión de entrada.

En resumen:

El canto de entrada es un canto que acompaña un rito hasta que concluye: Se inicia antes de la procesión del sacerdote y los ministros y termina cuando el sacerdote ha llegado a la sede después de besar el altar o incensarlo.

Criterios:

• Que sea un canto que facilite la participación de todo el pueblo y promueva así su unión, no es un canto sólo del coro. Puede cantarse alternativamente por el coro y la asamblea.

• Un canto que tenga relación con el tiempo litúrgico o la fiesta que se celebra.

• Un canto que manifieste la alegría del encuentro de un pueblo reunido para celebrar a su Señor.

• Que sea un canto que acompañe la procesión de entrada, de modo que al llegar el sacerdote a la sede o al terminar la incensación del altar, termina el canto. (Cfr. *IGMR* Nros. 47-50).

2. Saludo inicial

Cuando el celebrante principal llega al altar, saluda a la asamblea e inicia con ella un breve diálogo que, como los otros diálogos que se tienen a lo largo de la celebración, es bueno subrayar por medio del canto.

El presbítero desea a los creyentes que el Señor Jesús esté con ellos, que el amor del Padre y la comunicación del Espíritu Santo se difunda en los corazones de todos. La asamblea retribuye el deseo de presbítero respondiéndole: "Y con tu espíritu". Este saludo, que se repite antes de proclamar el Evangelio y de nuevo hacia el final de la celebración, es una alusión directa a la acción del Espíritu Santo en medio de la asamblea eucarística. San Juan Crisóstomo así lo enseña:

«Si no existiera el Espíritu Santo en este común Padre y Doctor (el obispo Flavio), no le habrían todos a la vez respondido, cuando subió a esta sagrada cátedra y a todos les dio la paz, aquello: ¡Y con tu espíritu! Por lo mismo, no solamente cuando sube acá, ni sólo cuando les habla o cuando ora por ustedes, lo aclaman con esas palabras, sino también cuando está delante de esta sagrada mesa y va a ofrecer el tremendo sacrificio.

«Porque él no toca a las ofrendas antes de rogar para ustedes la gracia del Señor (¡saben lo que digo los ya iniciados en los misterios!) ni antes de que ustedes le contesten: Y con tu espíritu; respuesta con la que ustedes mismos se traen a la memoria que nada hace aquel que está presente con las ofrendas que tiene delante: ¡no las cambia obra alguna de la humana naturaleza, sino que la gracia del Espíritu Santo que está presente y acude a todo, es la que lleva a cabo el místico sacrificio! Porque, aunque sea un hombre el que está presente, pero es Dios el que obra por su medio. No atiendas pues a la naturaleza de aquel a quien estás viendo, sino a la gracia invisible suya: ¡esa considera! ¡Nada humano hay en las cosas que; se verifican en este sagrado santuario!»[4].

El Espíritu de Dios es el que configura la asamblea, el que va a posibilitar que Jesús se dé en el Banquete del Pan y del Vino, el que guía a los cantores para que alaben al Padre y proclamen a Jesús como Señor. En el siglo II, en las Odas de Salomón, un poeta escribió: *"Como se pasea la mano sobre la cítara, y como hablan las cuerdas, así habla en mis miembros el Espíritu del Señor, y yo canto su amor"*[5].

3. Señor, ten piedad

Terminado el saludo del sacerdote, él u otro ministro idóneo puede hacer a los fieles una brevísima introducción sobre la Misa del día. Después el sacerdote invita al acto penitencial, que se realiza cuando toda la comunidad hace su confesión general y se termina con la conclusión del sacerdote. Cfr. *IGMR.*, no. 50.

La letanía corta del Señor, ten piedad, fue tradicionalmente una oración de alabanza a Cristo resucitado. El cual ha sido resucitado y hecho *"Señor"*, y le pedimos que muestre su amorosa bondad.

Con frecuencia los Evangelios nos muestran personas que invocan a Cristo, como Señor, solicitando su piedad: así la cananea, *"Señor, Hijo de David, ten compasión de mí"* (Mt 15,22); los ciegos de Jericó, *"Señor, ten compasión de nosotros"* (Mt 20,30- 31) o aquellos diez leprosos de Lucas 17,13.

En este sentido, el Señor, ten piedad (*Kyrie eleison*), es la proclamación gozosa

---

[4] San Juan Crisóstomo, Primera Homilía sobre Pentecostés, XXVI.
[5] *Odas de Salomón*, 6, 1-2

de Cristo, como Señor del universo, y viene a ser prólogo del Gloria que sigue luego. En efecto, Cristo, por nosotros, se anonadó, obediente hasta la muerte de cruz, y ahora, después de su resurrección, *"toda lengua confiese que Jesucristo es Señor, para gloria de Dios Padre"* (Flp 2, 1-11).

Algunos autores plantean que es muy antigua la inserción del *Kyrie* en la liturgia. Dicen por ejemplo que por el año 390, la peregrina gallega Egeria, en su *Diario de peregrinación*, describe así, estas aclamaciones en la iglesia de la Resurrección, en Jerusalén, durante el oficio lucernario: *"un diácono va leyendo las intenciones, y los niños que están allí, muy numerosos, responden siempre Kyrie eleison, sus voces forman un eco interminable"*[6].

Moisés, antes de acercarse a la zarza ardiente, antes de entrar en la presencia divina, ha de descalzarse, porque entra en una tierra sagrada (Cf. Ex 3,5). Y nosotros los cristianos, antes que nada, "para celebrar dignamente la Eucaristía", debemos solicitar de Dios primero el perdón de nuestras culpas.

Hemos de tener clara conciencia de que, cuando vamos a entrar en la presencia divina, cuando llevamos la ofrenda ante el altar (Cf. Mt 5,23), debemos examinar previamente nuestra conciencia ante el Señor (Cf. 1 Cor 11,28) y pedir su perdón, ya que solo "los limpios de corazón verán a Dios" (Mt 5, 8).

Hay tres formularios del Acto penitencial:

• Formulario 1ro. Es bastante conocido; se recita el *"Yo confieso ante Dios todo poderoso, y ante ustedes, hermanos..."* y tras la conclusión del sacerdote se canta el "Señor, ten piedad".

• Formulario 2do. Es el menos conocido. El sacerdote dice *"Señor, ten misericordia de nosotros"* (Cfr. Salmo 41 (40) 5) y la asamblea responde *"Porque hemos pecado contra ti"*. Prosigue el sacerdote: *"Muéstranos, Señor, tu misericordia"* y la asamblea contesta *"Y danos tu salvación"* (Cfr. Salmo 85 (84) 8).

• Formulario 3ro. Es el que más variaciones tiene y permite adaptaciones en relación a la liturgia que se celebra, al tiempo del año litúrgico o las lecturas que se proclaman. Puede cantarse o recitarse. Tras una invocación del sacerdote u otro ministro idóneo, la asamblea responde *"Señor, ten piedad"*; a la segunda intervención *"Cristo, ten piedad"* y *"Señor, ten piedad"* en la última. Es un troparia.

Después del acto penitencial, se empieza el *"Señor, ten piedad"* (antiguamente Kyrie), a no ser que éste haya formado ya parte del mismo acto penitencial. Siendo un canto con el que los fieles aclaman al Señor y piden su misericordia, regularmente habrán de hacerlo todos, es decir, tomarán parte en él el pueblo y los cantores.

Cada una de estas aclamaciones se repite, normalmente, dos veces, sin excluir, según el modo de ser de cada lengua o las exigencias del arte musical o de las circunstancias, una más prolija repetición o la intercalación de algún breve "tropo".

---

[6] *Itinerario o Peregrinación de Egeria*, Capítulo XXIV, Nro. 5.

Cuando se canta, el arreglo debe ser breve y simple a fin de no dar una importancia indebida a los ritos introductorios.

Puede cantarse alternadamente en forma de letanía entre el sacerdote (un cantor o el coro) y la asamblea. También, cada par de invocaciones puede ir precedida por una intención (o monición) recitada por el guía o por el mismo sacerdote.

4. Gloria

El Gloria, la grandiosa doxología trinitaria, es un himno bellísimo de origen griego, que ya en el siglo IV pasó a Occidente. Constituye, sin duda, una de las composiciones líricas más hermosas de la liturgia cristiana. Con este antiguo y venerable himno la Iglesia, congregada en el Espíritu Santo, glorifica a Dios Padre y al Cordero y le presenta sus súplicas. Es el eco del canto de los ángeles en la noche del nacimiento de Jesús (Lc 2, 13-14)

Este canto de alabanza y súplica, se acompaña de un gozoso repicar de campanas en la tarde del Jueves Santo, o a la medianoche de la Navidad o en la Vigilia Pascual. Ya en el año 117 el Gobernador de Bitinia, una provincia romana en Asia, contaba que los cristianos se reunían antes de que saliera el sol para cantarle a Cristo como a Dios, y que antes de separarse tomaban una comida.

Los cristianos siempre le han cantado a Cristo. Por algo, un libro del siglo III termina con estas palabras: *"Jesucristo es el Señor de los que cantan"*, y el historiador Eusebio, del siglo IV, escribe: *"¿Quién ignora los numerosos cantos y los himnos escritos por los hermanos fieles de los primeros tiempos; en que cantan a Cristo como el Verbo de Dios y lo celebran como Dios?"*.

Aunque la alabanza central del Gloria se dirige a Jesucristo, también se invoca en este Himno al Padre Todopoderoso y al Espíritu Santo. Para cantar a las personas divinas le falta voz al hombre, le faltan palabras. Por eso, en los ambientes de la Renovación Carismática se suele completar el canto con los brazos que se tienden a lo alto, o con el ritmo que se marca con las palmas de las manos.

Con este himno se concluyen los ritos iniciales de la eucaristía los domingos, solemnidades y fiestas, exceptos los domingos de cuaresma y adviento.

Algunas veces no se hace la correcta interpretación de este himno porque se ha pretendido suplantar con cualquier otro canto que incluya en su letra la palabra "gloria". El texto es irremplazable, aunque podría tener ligerísimas variaciones:

Gloria a Dios en el cielo,
y en la tierra paz a los hombres
que ama el Señor.
Por tu inmensa gloria
te alabamos, te bendecimos,
te adoramos, te glorificamos,

te damos gracias,
Señor Dios, Rey celestial,
Dios Padre todopoderoso.
Señor, Hijo único, Jesucristo.
Señor Dios, Cordero de Dios,
Hijo del Padre;
tú que quitas el pecado del mundo,
ten piedad de nosotros;
tú que quitas el pecado del mundo,
atiende nuestra súplica;
tú que estás sentado a la derecha del Padre,
ten piedad de nosotros;
porque sólo tú eres Santo,
sólo tú Señor,
sólo tú Altísimo, Jesucristo,
con el Espíritu Santo
en la gloria de Dios Padre.
Amen.

5. Colecta

Al canto del Gloria le sigue la oración colecta. El celebrante principal, que la eleva a nombre de toda la asamblea, puede cantarla. En esa oración se invoca al Padre, se recuerda alguno de sus títulos o de sus actos, y se le presenta la súplica de toda la Iglesia.

Es la oración llamada *"colecta"* porque recoge en un ramillete las plegarias de todos los fieles. El sacerdote elevará luego dos oraciones similares a ésta. Una sobre el pan y el vino que van a ser consagrados, y otra después de distribuida la comunión. Esas tres plegarias se anteceden con una invitación a orar, no porque fuera de ellas la asamblea no lo estuviese haciendo, sino para que su plegaria se haga más explícita, más comunitaria, más fervorosa, más insistente.

El pueblo de Dios responde a estas súplicas con el *Amén*, por el cual no sólo ratifica lo que ha expresado el sacerdote, sino que lo acepta como un programa de vida.

II. Liturgia de la Palabra

La Liturgia de la Palabra está compuesta por:
• Lectura del Antiguo (o del Nuevo) Testamento; [Pascua y días de feria]
• Salmo Responsorial;
• Lectura del Nuevo Testamento
• Aclamación,
• Proclamación del Evangelio y Homilía;
• Profesión de fe y Oración Universal.

La finalidad de la *liturgia de la Palabra* es la instrucción del pueblo por la revelación del misterio de salvación, al escuchar la Palabra de Dios; crecer en la conciencia de un Dios vivo y presente que sigue hablando a su pueblo como antiguamente. Recordar que la liturgia de la Palabra, junto con la liturgia eucarística, es el centro de la celebración.

La misa es un banquete. En ella se preparan dos mesas: la mesa de la Palabra de Dios y la mesa del Pan y del Vino eucarístico. Con esos alimentos el cristiano se fortalece para su ruta de peregrino.

La misa es un verdadero festín, una comida alegre; en ella se encienden luces y se llevan flores, se oyen saludos y palabras amables, se escucha la música de varios instrumentos y el gozoso repicar de las campanas, se entonan cantos de alegre regocijo para aclamar al Señor, para meditar su palabra, o para acompañar las marchas procesionales que suelen realizarse.

El sentido que tienen es la acogida y meditación que la asamblea hace de la Palabra, a la cual responde con cantos y oraciones. Se establece pues, un diálogo entre Dios que se manifiesta por su Palabra y el pueblo que escucha y acepta su manifestación.

La Liturgia de la Palabra pertenece a la primera parte de la Misa, por eso el canto en este momento reviste una particular importancia: En el salmo se presentan dos acciones: escuchar y responder, por eso se le llama responsorial. Por su carácter lírico, el salmo, que significa himno o canto, es para ser cantado. El salmo en ningún momento se puede suprimir. La asamblea debe cantar la antífona prevista en el leccionario, y alternar con el solista que cante las estrofas.

6. Lecturas

En la celebración dominical y en las solemnidades se tienen siempre una lectura del Antiguo Testamento, el Salmo Responsorial y otra lectura del Nuevo Testamento. En los días de feria suele ser una primera lectura, ya sea del Antiguo o Nuevo Testamento, el Salmo Responsorial y el Evangelio.

La última lectura siempre es un relato de los Evangelios. En cuanto al canto de las lecturas, ha sido una práctica común para dar solemnidad a la fiesta, aunque es preferible la proclamación de las lecturas que su canto para que el texto sea más inteligible.

7. Aclamaciones y Diálogos

Las lecturas suelen ir precedidas o seguidas de algunas aclamaciones o diálogos. De modo especial la lectura del Evangelio se solemniza con un rito procesional que se acompaña de luces e incienso.

El lector puede cantar el título del párrafo que se proclama y el libro al que pertenece. Terminada la lectura, recuerda que es Palabra de Dios, y la Asamblea alaba al Señor. Estos diálogos pueden cantarse.

8. Salmo responsorial

Tras la primera lectura el canto, llamado *Salmo Interleccional* o *Responsorial*, permite profundizar la Palabra del Señor que acaba de proclamarse y meditarla con amor.

Los cristianos han cantado siempre los salmos. Los heredaron de la sinagoga. Jesús mismo fue un gran cantor de salmos. En la primitiva Iglesia también se cantaban, de modo que San Jerónimo, en la carta de Paula y Eustoquia a Marcela comenta: *"En este pueblecillo de Cristo* [Belén], *como ya hemos dicho, todo es rusticidad, y fuera de los salmos todo es silencio. Vayas a donde vayas, el labrador, esteva en mano, canta el aleluya, el segador, chorreando de sudor, se recrea con los salmos, y el viñador, mientras poda las vides con su corva hoz, entona algún poema davídico. Tales son las cantinelas de esta tierra; éstas son, como se dice vulgarmente, las canciones amatorias, esto silba el pastor, éstas son las herramientas de cultivo"*[7].

Cantar los salmos requiere cierto esfuerzo pues el salmo cambia cada día y obviamente la melodía, pero vale la pena cantarlo, sobre todo en las celebraciones solemnes. Es importante crear un clima de contemplación y meditación en torno a la Palabra de Dios. Si el ministro cantor sabe cómo cantar el salmo, esto favorecerá ese clima de oración. Si no sabe o tiene dudas sobre cómo hacerlo es preferible leer el salmo. El Salmo cantado no debe ser un canto rítmico o métrico, sino salmodiado, es decir, no debe ser un canto compuesto rítmicamente a partir del salmo en cuestión, sino una salmodia "cantilada", o sea, una formula melódica que se repite y que se aplica directamente a la letra del salmo que viene en el Leccionario.

Puede haber otros criterios auxiliares ante la dificultad de cantar el salmo responsorial: cambiar el salmo del día por uno que se sepa o tener un pequeño repertorio de salmos preparados para ser cantados. Aunque esto pueda ser posible, es mejor preferir la unidad de la liturgia de la Palabra y en ese caso sería más conveniente la simple lectura del salmo.

9. Aleluya

Se trata de una aclamación hebrea. La palabra Aleluya etimológicamente tiene un significado: *halelu* = alabar, y *iah* = Dios, significa entonces "alabar a Dios". Pero más que su significado particular lo que importa es el ambiente que suscita, el misterio que encierra.

Tanto en las Sinagogas como en el Templo judío los salmos aleluyáticos eran cantados por el solista y todos los asistentes respondían *"Aleluya"* después de cada versículo. El Aleluya penetró en el culto cristiano a partir de la formación de las liturgias de Oriente y Occidente y siempre en la forma responsorial.

A partir del siglo IV, el Aleluya es el canto responsorial más conocido y practicado en la liturgia. Pertenece a la antigua tradición de la Iglesia. En Occidente se acentuó el carácter festivo y se suprimió en la Cuaresma y en los días de ayuno, en Oriente se cantó siempre, incluso el viernes Santo. Trento lo prohíbe expresamente en Cuaresma, y ya desde el siglo IV-V es el canto pascual

---

[7] San Jerónimo, *Epistolario* I, *De Paula y Eustoquia a Marcela* 46, 12. BAC Madrid 1993 Pág. 389.

por excelencia en todas las liturgias occidentales (romana, africana, mozárabe y ambrosiana).

Mientras no podamos llegar a la alegría eterna, el Aleluya es el canto y el consuelo del peregrino, el canto del navegante, el que vamos murmurando caminando a la Patria celestial donde, una vez que hayamos llegado, desaparecerá todo lo demás y permanecerá el Aleluya constante en nuestro corazón. Ahora cantamos Aleluya en esperanza, pero allá, delante del trono, cantaremos en la realidad y presencia este canto nuevo. (Cfr. Ap 14,3)

Toda la asamblea se pone de pie para cantarlo, cambiando su actitud, se dispone a un encuentro fuerte con el Señor que habla. Por esto, no vale convertir el aleluya en un canto de estructura similar a la del salmo responsorial. Así, pues, la forma ideal sería:

¡Aleluya! ....Entonación solista o coro.
¡Aleluya!...............................Repetición asamblea.
Versículo..............................Coro o asamblea (si lo sabe)
¡Aleluya!...............................Repetición de toda la asamblea

Cierto es que, a la segunda lectura, sigue el Aleluya u otro canto, según las exigencias del tiempo litúrgico, ya que como hemos dicho, el Aleluya se canta en todos los tiempos litúrgicos a excepción del tiempo de Cuaresma, y lo comienza o todo el pueblo, o los cantores o un solo cantor.

Criterios:

- El *Aleluya* se canta en todos los tiempos litúrgicos excepto en la cuaresma; va siempre acompañado por un versículo.
- El versículo del *Aleluya* ha de estar en consonancia y unidad con las lecturas de la celebración.
- No es un canto con un *Aleluya* al final.
- En lugar del aleluya, en la Cuaresma se canta *"Honor y Gloria a ti Señor Jesús"*.
- Lo inicia todo el pueblo, el coro o sólo un cantor.
- Esta Aclamación siempre es cantada. Si no se canta puede omitirse.

10. Homilía

En la celebración eucarística, especialmente de los domingos y fiesta de precepto, que se celebran con presencia del pueblo, debe haber homilía, que no se puede omitir sin causa grave.

En la homilía, el sacerdote o diacono, partiendo del texto sagrado, expone durante el año litúrgico, los misterios de la fe y las normas de vida cristiana.

Una vez que se ha proclamado solemnemente el Evangelio y que se ha comentado en forma familiar y sencilla por medio de la homilía, se acostumbra en algunas asambleas guardar un momento de silencio para meditar la Palabra de Dios. Mientras tanto se pueden interpretar unos acordes musicales que creen una atmósfera de paz y de recogimiento. La música de por sí no tendría lugar en la liturgia si no la acompañara la palabra o no propiciara la reflexión, o no comunicara alegría durante los ritos procesionales.

En la homilía, el sacerdote o diácono, expone a los fieles, acomodado a la condición de los oyentes y adaptada a las necesidades de cada época, lo que es necesario creer y hacer para la gloria de Dios y salvación de los hombres. También la doctrina que propone el magisterio de la Iglesia sobre la dignidad y libertad de la persona humana; sobre la unidad, estabilidad y deberes de la familia; sobre las obligaciones que corresponden a los hombres unidos en sociedad; y sobre el modo de disponer los asuntos temporales según el orden establecido por Dios. (Cfr. *Código de Derecho Canónico*, 767-769)

Lo que han de procurar los Ministerios de Música es ayudar a la oración y no a la distracción por el afinar inoportuno de sus instrumentos, o, lo que sería peor, por la conversación, o la charla en momentos en que no estén cantando.

11. Credo o Profesión de fe

Si la celebración eucarística ocurre en domingo o en día de precepto en la celebración de una solemnidad, la asamblea profesa el Símbolo de la Fe. El Credo recuerda a los cristianos que, por el Bautismo, trabaron una relación especial con las personas divinas del Padre, del Hijo y del Espíritu Santo. Los cristianos creen en Dios porque aceptan su Palabra como verdadera, creen a Dios porque confían en que nunca les fallará y se apoyan en sus promesas y, porque al creer, se preparan para el encuentro definitivo con quien los creó, los redimió y los santificó.

El *Símbolo* es lo que permite reconocer en el vecino a un hermano, a uno que participa conmigo en la misma fe: en la fe de los Apóstoles, en la fe de María, en la fe de la Iglesia.

El Credo, en su forma amplia, originada en los Concilios de Nicea y Constantinopla, o en su forma reducida, que suele llamarse "de los apóstoles", puede cantarse, aunque su composición literaria no lo facilite mucho, y quizá sea mejor contentarse con recitarlo.

12. Oración de los fieles

Tras la profesión de fe la asamblea responde a la Palabra proclamada ejerciendo el oficio de su sacerdocio bautismal ofreciendo súplicas a Dios para la salvación de todos.

A este momento se le llama con más propiedad "Oración Universal". Se le ha llamado regularmente "Oración de los Fieles", pero se ha prestado a confusión y abusos. No se trata en modo alguno que sea este el momento en la celebración en que los fieles tienen la oportunidad de rezar o pedir por sus propias intenciones. Es más bien el momento indicado en que la Iglesia invita y propone a los fieles que recuerden en su oración ciertas intenciones de carácter universal, en beneficio de todos.

Usualmente, la serie de intenciones suele ser:

a) Por las necesidades de la Iglesia (el Papa, los obispos, las misiones, la vida cristiana.)

b) Por los que gobiernan y por la salvación del mundo (la paz, la justicia, el gobierno de las naciones…)

c) Por los que sufren por cualquier dificultad (enfermos, prisioneros, adoloridos en el cuerpo o en el espíritu, extranjeros…)

d) Por la comunidad local, (por las necesidades particulares de la comunidad celebrante)

En ocasiones como como la Confirmación, el Matrimonio o las Exequias, el orden de las intenciones puede tener en cuenta más expresamente el momento particular.

En Viernes Santo, la liturgia de la Palabra concluye con la Oración Universal. Es uno de los cuatro momentos en que se divide la liturgia de ese día y por eso reviste especial solemnidad.

La comunidad podría responder cantando a las intenciones propuestas en la oración universal.

III. Liturgia de la Eucaristía

La plegaria eucarística es el centro y culmen de toda la celebración. Todos los ritos anteriores se orientan a ella. Ahí se encuentra el momento principal de la celebración y desde ahí derivará toda la acción de gracias que nos lleva a la plena comunión con nuestro redentor.

En la última Cena, Cristo instituyó el sacrificio y el banquete pascuales. Por estos misterios el sacrificio de la cruz se hace continuamente presente en la Iglesia, cuando el sacerdote, representando a Cristo Señor, realiza lo mismo que el Señor hizo y encomendó a sus discípulos que hicieran en memoria de Él.

Cristo, pues, tomó el pan y el cáliz, dio gracias, partió el pan, y los dio a sus discípulos, diciendo: Tomen, y coman, beban; esto es mi Cuerpo; éste es el cáliz de mi Sangre. Hagan esto en conmemoración mía. Por eso, la Iglesia ha ordenado toda la celebración de la Liturgia Eucarística con estas partes que responden a las palabras y a las acciones de Cristo, a saber:

1. En la preparación de los dones se llevan al altar el pan y el vino con agua, es decir, los mismos elementos que Cristo tomó en sus manos.

2. En la Plegaria Eucarística se dan gracias a Dios por toda la obra de la salvación y las ofrendas se convierten en el Cuerpo y en la Sangre de Cristo.

3. Por la fracción del pan y por la Comunión, los fieles, aunque sean muchos, reciben de un único pan el Cuerpo, y de un único cáliz la Sangre del Señor, del mismo modo como los Apóstoles lo recibieron de las manos del mismo Cristo[8] .

La plegaria eucarística ha recibido también otros nombres, como anáfora y canon. *Anáfora*, del verbo *anaphero*, "elevar", por ser la alabanza que se eleva a Dios en la eucaristía como oración central. *Canon*, del griego *kanón*, "caña" y, más tarde, "regla para medir" El canon como regla se aplica a las Escrituras y a

---

[8] IGMR, 72

la plegaria eucarística. El canon de la misa es la plegaria eucarística o anáfora, que se inicia con el prefacio y termina con la doxología. Canon significa también regla de la fe.

Es una oración de acción de gracias y de santificación, cuyo sentido es que toda la asamblea de los fieles se una con Cristo en la confesión de las maravillas de Dios y en la ofrenda del sacrificio. El sacerdote invita al pueblo a elevar los corazones hacia el Señor, en oración y en acción de gracias, y lo asocia a sí mismo en la oración que él dirige en nombre de toda la comunidad a Dios Padre, por Jesucristo, en el Espíritu Santo.

Actualmente existen unas trece plegarías eucarísticas o anáforas. Anterior a la reforma litúrgica del concilio Vaticano II, se usaba exclusivamente una anáfora conocida como el Canon Romano. Posterior a la reforma se añadieron otras anáforas, como la segunda, que recoge prácticamente el contenido de la Tradición Apostólica atribuida a Hipólito de Roma, autor del siglo II.

Con la reforma litúrgica se introdujeron otras plegarias, como la tercera y la cuarta. Andado el tiempo, al final del Año Santo del 1975, se añadieron otras dos anáforas, sobre la reconciliación, convenientes para el uso durante la cuaresma o en las celebraciones penitenciales. También se han añadido otras tres anáforas con un carácter más pedagógico para uso con los niños.

Por esos mismos años y por razón de un sínodo que estaban celebrando, los obispos suizos pidieron a la Santa Sede permiso para utilizar unas plegarias eucarísticas compuestas con ocasión del sínodo. Esta plegaria cuenta con 4 variantes: A) Dios conduce a su Iglesia, B) Jesús, nuestro camino, C) Jesús, modelo de amor y D) La Iglesia en camino hacia la unidad.

A pesar de sus ligeras variaciones de una a otra, se puede decir que los principales elementos de que consta la Plegaria Eucarística pueden distinguirse de esta manera:

a) **Acción de gracias** (que se expresa especialmente en el Prefacio), en la cual el sacerdote, en nombre de todo el pueblo santo, glorifica a Dios Padre y le da gracias por toda la obra de salvación o por algún aspecto particular de ella, de acuerdo con la índole del día, de la fiesta o del tiempo litúrgico.

b) **Aclamación**: con la cual toda la asamblea, uniéndose a los coros celestiales, canta el Santo. Esta aclamación, que es parte de la misma Plegaria Eucarística, es proclamada por todo el pueblo juntamente con el sacerdote.

c) **Epíclesis**: (del griego *epikalein*, "invocar sobre") Es la oración que la Iglesia dirige a Dios, por medio de invocaciones especiales, implorando la fuerza del Espíritu Santo para que los dones ofrecidos por los hombres sean consagrados, es decir, se conviertan en el Cuerpo y en la Sangre de Cristo (primera epíclesis), y para que la víctima inmaculada que se va a recibir en la Comunión sirva para la salvación de quienes van a participar en ella (segunda epíclesis).

d) **Narración de la institución y consagración**: por las palabras y por las acciones de Cristo se lleva a cabo el sacrificio que el mismo Cristo instituyó en la última Cena, cuando ofreció su Cuerpo y su Sangre bajo las especies de pan y vino, y los dio a los Apóstoles para que comieran y bebieran, dejándoles el mandato de perpetuar el mismo misterio.

A esto también se le conoce como Memorial, que no es mero recordatorio espiritual de los acontecimientos del pasado, sino proclamación efectiva de la obra de salvación de Jesucristo. El memorial hace presente un acontecimiento del pasado. Es representación eficaz de lo que se conmemora o la celebración ritual conmemorativa de un acontecimiento salvador del pasado, que se hace presente en la comunidad. La eucaristía es memorial objetivo y real de la pasión del Señor en virtud de sus palabras: "Haced esto en memoria mía" (1 Cor 11,24-25). Aunque el acontecimiento ocurrió una vez para siempre, al conmemorar litúrgicamente la pasión de Cristo, Él está presente. En una palabra, la liturgia eucarística es memorial del Señor hecho con palabras y acciones sacramentales.

e) **Anamnesis**: por la cual la Iglesia, al cumplir el mandato que recibió de Cristo por medio de los Apóstoles, realiza el memorial del mismo Cristo, renovando principalmente su bienaventurada pasión, su gloriosa resurrección y su ascensión al cielo.

f) **Oblación**: por la cual, en este mismo memorial, la Iglesia, principalmente la que se encuentra congregada aquí y ahora, ofrece al Padre en el Espíritu Santo la víctima inmaculada. La Iglesia, por su parte, pretende que los fieles, no sólo ofrezcan la víctima inmaculada, sino que también aprendan a ofrecerse a sí mismos, y día a día se perfeccionen, por la mediación de Cristo, en la unidad con Dios y entre ellos, para que finalmente, Dios sea todo en todos.

g) **Intercesiones**: por las cuales se expresa que la Eucaristía se celebra en comunión con toda la Iglesia, tanto con la del cielo, como con la de la tierra; y que la oblación se ofrece por ella misma y por todos sus miembros, vivos y difuntos, llamados a participar de la redención y de la salvación adquiridas por el Cuerpo y la Sangre de Cristo.

h) **Doxología final**: por la cual se expresa la glorificación de Dios, que es afirmada y concluida con la aclamación Amén del pueblo.

13. Canto de preparación de las ofrendas

Conocido por mucho tiempo como "ofertorio", este canto viene inmediatamente después de la plegaria universal u oración de los fieles. Pertenece al tipo de cantos de aquellos que acompañan un rito (IGMR, 37b)

Mientras se ejecuta el canto de preparación de las ofrendas se prepara el altar, y en él se colocan el corporal, el purificador, el misal y el cáliz. En la asamblea, mientras tanto, los encargados de preparar las ofrendas están recogiendo en canastas el dinero u otros dones traídos por los fieles para los pobres o para la iglesia.

El canto acompaña la procesión que se dirige hacia el altar, en donde el sacerdote recibe el pan y el vino junto con los otros dones traídos por los fieles. El sacerdote o diácono recibe las ofrendas y las coloca en el altar. El sacerdote, entonces, con las formulas establecidas, coloca en el altar el pan y el vino. Entonces puede incensar las ofrendas, la cruz y el altar. Luego el sacerdote es incensado por un diácono o acólito, en razón de su ministerio y luego es incensado el pueblo por razón de su dignidad bautismal. Al terminar de lavarse las manos el sacerdote, termina este canto de preparación de las ofrendas.

Criterios:

El canto procesional de ofrendas se justifica cuando precisamente dichas ofrendas son presentadas por los fieles, aunque puede hacerse incluso aunque no haya procesión de los fieles.

La letra del canto puede expresar la entrega a Dios de nuestras vidas, la alegría de nuestra fraternidad cristiana reunida en torno a Cristo, o bien prolongar el contenido de las lecturas y homilía desarrolladas en la liturgia de la Palabra o del tiempo litúrgico que se está viviendo en ese momento.

14. Prefacio

El prefacio, del latín *prae-fari*, "decir delante", es el primer elemento de la plegaria eucarística, a saber, la invitación a la alabanza por medio de un diálogo que termina con el Sanctus.

La gran variedad de prefacios que disponemos hoy día está en relación algunas veces a la fiesta o solemnidad que se celebra o al momento del año litúrgico en particular en que nos encontramos. Por razón del domingo, la Iglesia cuenta con cerca de ocho prefacios propios para ese día.

Algunas anáforas tienen prefacio propio que forman una unidad intrínseca y no se pueden cambiar o emplear independientemente por separados anáfora y prefacio.

La celebración de los sacramentos dentro de la celebración eucarística también cuenta con prefacios propios.

El prefacio se inicia con el saludo *"El Señor esté con ustedes"*, del celebrante a la asamblea y termina con el canto del Santo.

Tanto el diálogo introductorio como el prefacio mismo pueden cantarse, y se recomienda al celebrante principal que proclame así las grandezas de Dios.

15. Santo

El Santo es una aclamación solemne que la Iglesia terrestre dirige al Padre como conclusión de la acción de gracias del prefacio. Unida a la Iglesia celeste, la Iglesia peregrina participa ya, aunque en primicias, de la liturgia celestial, cantando al Señor un himno de gloria. Aunque parco en palabras, es un himno de contenido grandioso, donde todos los beneficios y bendiciones que Dios nos otorga, y que nosotros agradecemos, son manifestaciones de su esencia: su santidad, ante la cual la creatura sólo puede postrarse con un sentimiento de profunda reverencia.

Las palabras «Santo, santo, santo es el Señor, Dios del Universo, llenos están el cielo y la tierra de tu gloria, hosanna», están inspiradas principalmente en Is. 6,

3, aunque subyacen otros textos bíblicos: Ap. 4, 8; Salmo 117, 25. El texto de Isaías sólo menciona «la tierra»; la añadidura litúrgica «el cielo» indica que a la alabanza que canta la tierra se une el cielo entero.

El Bendito tiene una impronta bíblica. El texto fundamental que reproduce es Mt. 21, 9, que se refiere a la entrada triunfal de Cristo en Jerusalén; si bien no deja de advertirse el eco de los textos veterotestamentarios del Salmo 117, 25-26 y de Ez. 3, 12.

Su origen es sinagogal; de allí pasó a la liturgia cristiana oriental en el siglo IV, introduciéndose poco después (hacia el año 400) en las plegarias eucarísticas occidentales.

Con el Santo-Bendito los fieles están preparados para la epifanía que tendrá lugar enseguida y dispuestos a acoger al Mesías, que se hará de nuevo presente entre los hombres por las palabras consecratorias.

Santo es el nombre mismo de Dios, y más que una cualidad moral de Dios, designa la misma calidad infinita del ser divino: sólo Él es el santo, (Lv 11,44) y al mismo tiempo es única "fuente de toda la santidad". El pueblo cristiano, en el Santo, dirige también a Cristo, que en este momento de la misa entra a actualizar su Pasión, las mismas aclamaciones que el pueblo judío le dirige en Jerusalén, cuando ingresa en la Ciudad Sagrada para ofrecer el sacrificio de la Nueva Alianza. Hosanna, "salvamos"; bendito el que viene en el nombre del Señor (Mc 11, 9-10).

En las "Etimologías" San Isidoro de Sevilla comenta: "*Osanna* no puede traducirse en todo su sentido al interpretarla en otra lengua. *Osi* viene a significar «da la salvación»; y *anna* es una interjección que manifiesta una conmoción anímica bajo un movimiento imprecatorio. La expresión completa es *Osianna*, que nosotros alteramos en su vocal central elidida, y decimos *O sanna*, como sucede cuando la empleamos en contextos métricos. En efecto, la primera letra de una palabra anula, al encontrarse, la letra última de la palabra que la precede. Y así se dice en hebreo *Hoša'na'*, que se traduce «da la salvación», sobrentendiéndose «a tu pueblo», o bien, «a todo el mundo»". (De los libros y oficios eclesiásticos, 19, 22-23).

El Prefacio, y concretamente el Santo, es una de las partes de la misa que más pide ser cantada.

Para cantarse, el texto debe ser el verdaderamente litúrgico donde, uniéndonos con los ángeles y serafines, evocamos la alabanza universal y cósmica, traspasando los límites del tiempo y anticipando, el oficio de nuestra gloria futura y lo expresamos cantando:

Santo, Santo, Santo es el Señor,
Dios del Universo.
Llenos están el cielo y la tierra de tu gloria.
Hosanna en el cielo.
Bendito el que viene en nombre del Señor.
Hosanna en el cielo.

Sobre este canto se recomienda que sea siempre cantado por toda la asamblea.

Su entrada no se debe demorar a la invitación que hace el sacerdote "...permítenos unirnos a los coros celestiales que cantan sin cesar el himno de tu Gloria", por tal motivo es preferible no hacer largas introducciones musicales.

La estructura literaria del Santo es bíblica (Cfr. Ap. 4,8), por eso se aconseja no cambiar su texto por otro himno, aunque haga alusión al tres veces Santo, por ejemplo: "*santo de los querubines*", "*hosanna hey*", "*Santo es el Señor Dios de los hombres*", éstos pueden utilizarse para otro momento de alabanza.

Se debe tener especial cuidado al finalizar este canto para poder mantener en lo posible el buen clima de oración para pues después de una corta transición se pasará a la narración de las palabras de la consagración.

16. Aclamación al Memorial

También llamada "Aclamación después de la Consagración". En este momento se recuerda principalmente la pasión, gloriosa resurrección y la ascensión al cielo de Jesucristo. En esta parte la Asamblea responde, cantando una de estas tres aclamaciones:

1.   «*Anunciamos tu muerte, proclamamos tu resurrección. ¡Ven, Señor Jesús!*».

2.   «*Cada vez que comemos de este pan y bebemos de este cáliz, anunciamos tu muerte, Señor, hasta que vuelvas*».

3.   «*Salvador del mundo, sálvanos, Tú que nos has liberado por tu cruz y resurrección*».

17. Amen

La doxología, del griego doxa, "*gloria*", y logos, "*palabra*", es la glorificación o gloria tributada a Dios. Los salmos, las cartas de Pablo, Pedro y Judas y el Apocalipsis contienen numerosas doxologías. La doxología es una oración de alabanza que celebra la gloria de Dios o de Cristo. Es asimismo la conclusión de la alabanza que se tributa a la Trinidad, como se puede ver al final de la plegaria eucarística. Las doxologías más conocidas son el *gloria in excelsis* (gloria a Dios en el cielo) de la misa y el *gloria Patri* (Gloria al Padre), como conclusión de los salmos y cánticos de la liturgia de las horas.

La plegaria eucarística o anáfora concluye con la elevación del Pan y el Vino consagrados en ofrenda hacia el Padre, a quien, en la Iglesia, unidad del Espíritu Santo, se le tributa todo el honor y toda la gloria por medio de Cristo, que es nuestro mediador; con Cristo, que es nuestro hermano mayor, y en Cristo que es la cabeza del cuerpo eclesial.

A esa doxología solemne, la asamblea responde con un vigoroso "Amén", ratificación que el pueblo cristiano da a toda la Oración Eucarística. Decía San Jerónimo que en la basílica de Belén ese amén estallaba como si se desencadenara una tempestad. Ese amén es un clamor de fe, de asentimiento, de regocijo. Es el gran amén de la Celebración Eucarística.

Se conoce así a la Proclamación que hace el sacerdote: *"Por Cristo, con Él y en Él, a ti Dios Padre omnipotente en la unidad del Espíritu Santo, todo honor y toda gloria, por los siglos de los siglos"*, el Amén o Gran Amén que viene a continuación es la respuesta a la doxología y se puede cantar.

Esta aclamación es una ratificación alegre, solemne y vigorosa de la oración del sacerdote, portavoz de todo el pueblo. Es un signo fuerte de la fe, donde creemos fielmente que "todo honor y toda gloria" le viene al Padre por Cristo, con Cristo y en Cristo en la unidad del Espíritu Santo.

Este Amén solemne ya es mencionado desde antiguo por San Justino, el cual señala que *"...terminada la acción de gracias, todo el pueblo aclama: ¡Amén!, que en lengua hebrea equivale a 'Así sea'. Y después de terminar la acción de gracias y que el pueblo ha dicho su amén (...) distribuyen el pan y el vino"* (Apología I, 65).

Este Amén, es un canto que sirve de coronación a toda la Oración Eucarística. No debería considerarse como simplemente un asentimiento a la doxología inmediata sino a toda la plegaria eucarística.

San Isidoro de Sevilla (+ 636) comenta sobre el aleluya y el amén lo siguiente:

«*Aleluia* es una palabra hebrea compuesta de dos palabras y cuya traducción es «gloria de Dios», *Ia* es uno de los diez nombres con que se designa a Dios entre los hebreos. Palabra hebrea es también amén que significa «en verdad» o «fielmente». Estas dos palabras, *amén* y *aleluia*, ni los griegos, ni los latinos, ni otros pueblos extranjeros las han traducido a su propia lengua, ni las emplean en otro idioma. Pues, aunque pueden traducirse, sin embargo, y a causa de su sacrosanta ascendencia, los apóstoles mantuvieron en ellas la antigüedad de la lengua original. Y tan sacrosantas son estas dos palabras, que incluso Juan refiere en el Apocalipsis que por revelación del Espíritu vio y oyó la voz de un ejército celestial, semejante al sonido que producen ingentes aguaceros y truenos retumbantes, y que decía: «*amén*» y «*aleluia*». Por ello conviene decir una y otra palabra del mismo modo que se oye en el cielo». *De los libros y oficios eclesiásticos*, 19, 19-21.

IV. Rito de la Comunión

Nos acercamos, en este momento, a la razón que nos ha congregado: Recibir el Cuerpo y la Sangre del Señor, recordando su mandato.

En las palabras consacratorias hemos escuchado: Tomen, coman todos de él, beban todos de él. ¿Qué razón tenemos para que, realizando un servicio a los hermanos reunidos en comunidad, nos apartemos de esta mesa?

Ahora nos preparamos, primero orando como Jesús nos enseñó, celebrando nuestra fraternidad de hermanos compartiendo la paz que de Él hemos recibido y, finalmente, en el pan que se parte y reparte para todos, en la copa de su sangre derramada para perdón de nuestros pecados. Reconocemos humildemente que no merecemos esos premios, pero que con su gracia nos animamos a escuchar su Palabra y obedecerla.

18. Padre nuestro

El Padre Nuestro, no es un canto, es una oración. Es lamentable que muchas veces se prefiera cantarlo con una letra que no le corresponde. Curiosamente, desde la reforma postconciliar, aquellos cantos que la liturgia siempre consideró como periféricos a la celebración (canto procesional de Ofrendas, el Padrenuestro, la Paz, Salida...) han adquirido categoría de importantes para muchos grupos de animadores, relegando a la categoría de secundarios los que realmente son nucleares (Salmo responsorial, Santo, Cordero de Dios...).

El Padrenuestro, uno de los más grandes tesoros de la Iglesia primitiva, junto con el Sanctus, son los que más han sufrido con adaptaciones y paráfrasis.

Para nosotros los cristianos, tendría que ser la perla más preciosa y preciada, que tenemos y guardamos en el mejor cofre de nuestra casa, la cuidamos, la mimamos, la acariciamos y la protegemos de posibles robos y de la manipulación de cualquier desaprensivo.

Tanto en Oriente como en Occidente, se le rodeó de fórmulas introductorias y conclusivas, en señal de respeto y veneración. Por ejemplo, en la liturgia de san Juan Crisóstomo, todavía usada hoy entre los griegos y ortodoxos rusos, el sacerdote lo introduce así: *«Dígnate, Señor, concedernos que gozosos y sin temeridad nos atrevamos a invocarte a ti, Dios celestial, como Padre, y que digamos: Padre nuestro...»*

Parecida es la introducción en la Iglesia romana: *«Fieles a la recomendación del Salvador, y siguiendo su divina enseñanza, nos atrevemos a decir: Padre nuestro...».*

Téngase presente que no es de buen gusto que el texto del Padrenuestro, la oración que nos enseñó el mismo Señor, se altere, se glose o se prolongue con otras consideraciones que, si en otro ambiente pueden ser útiles, dentro de la Eucaristía, donde tiene la función de prepararnos a la comunión, oscurecen su mensaje primordial. Algunas veces, esta es la única ocasión de participar que tienen muchos en la asamblea, por ser la oración del padrenuestro la única que conocen.

Realmente, ni al coro ni a la asamblea le pertenece cambiar las mismas palabras del Señor. En los últimos años se observa, probablemente por confusión provocada por la última redacción del embolismo, que no se reza en su integridad el padrenuestro, sino que se cambian ligeramente algunas palabras, como por ejemplo diciendo al final "líbranos de todos los males".

Si se canta, han de respetarse las palabras litúrgicas:

Padrenuestro, que estás en el cielo,
santificado sea tu Nombre;
venga a nosotros tu reino;
hágase tu voluntad en la tierra como en el cielo.
Danos hoy nuestro pan de cada día;
perdona nuestras ofensas,
como también nosotros perdonamos

a los que nos ofenden;
no nos dejes caer en la tentación,
y líbranos del mal.

Terminado de recitar el padrenuestro, el sacerdote continúa con el embolismo, (del griego, *emballein*, "insertar"), propio del padrenuestro cuando dice *"líbranos de todos los males..."*.

19. La Paz

Realmente, en este momento no hay por qué cantar. Además, si hay algún canto no debe en modo alguno substituir al canto del Cordero de Dios.

Este es el momento en que la Iglesia implora la paz y la unidad para sí misma y para toda la familia humana, y con el que los fieles se expresan la comunión eclesial y la mutua caridad, antes de la comunión sacramental.

Contrario a la práctica actual, el momento de la paz no ha de usarse para felicitar a los recién casados, dar el pésame a los familiares del difunto o felicitar a los neocumulgantes o confirmandos. Más bien hay dos asuntos sobre este momento que regularmente se desconocen:

1. Debe ser un gesto sobrio, que exprese la paz de Cristo con aquellos que están más cerca para no distraernos de la gravedad que de por sí implica la comunión a la que nos preparamos.

Muchas veces se ven absurdos en este momento. No se trata de dar la paz a todo el mundo con el gesto de un apretón de manos, un abrazo o un beso. Eso es imposible. Por eso sólo se ofrece en signo a los que están más cerca.

En cuanto a la paz a todos más bien deberíamos hacernos la pregunta de cuán dispuestos estamos en trabajar por hacer la paz que nos ofrece y pide Cristo.

2. Muchos ignoran que la importancia de este momento es tan poca en relación a lo que se avecina, que siempre queda a discreción del sacerdote invitar a la asamblea al gesto de intercambio de la paz. El mismo misal romano indica en el ordinario la misa, al final de la oración respectiva, en color rojo: "Luego, *si se juzga oportuno*, el diácono, o el sacerdote, añade:" y en negro "Dense fraternalmente la paz". Puede suceder que en cierto determinado momento no se juzgue oportuno.

¿La paz antes de la comunión o la paz antes del ofertorio? Esta fue una de las preguntas que preocupó al Papa Benedicto XVI. A favor de la paz antes del ofertorio está aquella sentencia de Mateo 5, 23-24: Si te acuerdas que tienes algo contra tu hermano... El Papa Benedicto XVI envió el tema a discusión y se tardaron más de cinco años en responder que debía quedarse en donde estaba, esto es, antes de la comunión. Y es que no se trata de un momento de reconciliación, aunque así lo pueda parecer. Es más importante compartir la paz que sólo Cristo nos da y que nos prepara a un encuentro decidido con su persona y la de los hermanos en la comunidad.

20. Cordero de Dios

Tras el saludo de la Paz, se realiza un rito litúrgico que nos reconduce a la última cena, o a la aparición del Resucitado en Emaús. El pan es fraccionado, partido para que todos puedan participar de Él. Con el nombre de la fracción del pan se designó toda la Cena del Señor desde los primeros tiempos (Cfr. Hechos 2, 42). Mientras el presbítero o el diácono fraccionan el pan la asamblea canta: "*Cordero de Dios…*" Es la frase con que Juan presentó a Cristo Cfr. Juan 1, 29). Cordero es el nombre que se le da a Jesús en el Apocalipsis (34 veces) y también otros escritos del Nuevo Testamento (Cfr. 1 Pedro 1, 19).

El canto del Cordero de Dios acompaña la fracción del pan y la *inmixtión* (mezcla) de un poco del Pan consagrado con la Sangre del Señor.

La *inmixtión*, también conocida como «*fermentum*», viene del latín, levadura, deriva de «fervere», hervir. El pan para la Eucaristía, a partir del siglo IX, en la Iglesia occidental se fue preparando sin levadura, pan ácimo, para imitar la celebración de la Pascua de los judíos. Pero con el nombre de «*fermentum*» se designó sobre todo el trozo de pan eucarístico que el Papa, desde su misa, enviaba a otras iglesias «*titulares*» de Roma.

Cuando a partir del siglo V en Roma la Misa dejó de ser única, como había sido en los primeros siglos, y se celebró también en iglesias de la periferia («*per títulos*»), se pensó en este gesto simbólico: desde la misa estacional de los domingos, pero especialmente el día de pascua, presidida por el Papa, se enviaba a esas iglesias, por medio de unos acólitos, un trozo del Pan eucarístico, para que lo mezclaran en el cáliz de las respectivas misas. La idea era subrayar la unidad y la fraternidad: «*para que no se sientan sobre todo en este día (el domingo) separados de nuestra comunión*», como dice Inocencio I el año 416 en su carta a Decencio. El nombre de «fermento» indicaba bien el carácter de «algo añadido» a la Eucaristía de la iglesia periférica para unirla a la celebrada por el Papa. El Liber Pontificalis atribuye la introducción de este "*fermentum*" al papa Melquíades (311-314).

Nos cuenta el Ordo Romanus que este "*fermento*" lo reciben los presidentes de las celebraciones "parroquiales" y, después del padrenuestro, antes del gesto de la paz, lo mezclan en el cáliz propio.

El papa Inocencio I, en marzo del 416, escribe al obispo Decencio una carta, en la que explica: "*Los presbíteros de estas iglesias, al no poder acudir a nuestra celebración por razón del pueblo a ellos confiado, por eso reciben por medio de acólitos el fermento consagrado por nosotros, para que no se crean separados de nuestra comunión precisamente en ese día*".

Mientras la fracción del Pan y la conmixtión, la comunidad o el coro, o ambos a la vez, entonan el "*Cordero de Dios*". Estas invocaciones pueden repetirse cuantas veces sea necesario para acompañar el gesto de la fracción del pan. La última vez se concluye con las palabras "*Danos la Paz*" (Cfr. IGMR, 83).

El Papa Sergio I (687-701), quiso que el rito de la fracción del pan fuera acompañado de algún canto por parte del pueblo, y estableció el "*Agnus Dei*" o canto del *"Cordero de Dios"*. El canto invoca claramente a Cristo como el Cordero, como el Siervo que se entrega por nosotros para quitar el pecado del mundo.

Al principio fue un canto litánico: la invocación con su respuesta se repetía mientras durase el rito al que acompañaba. Posteriormente, en el siglo IX, se limitó a tres el número de invocaciones. Las continuas alteraciones de la paz que sufrió el dicho siglo motivaron que el tercer *«miserere nobis»* (ten piedad de nosotros) se cambiara por el *«dona nobis pacem»* (danos la paz). En las misas de difuntos se sustituyó el *«miserere nobis»* las tres veces por el *«dona eis réquiem»* (dale el descanso), añadiendo la tercera vez la palabra *«sempiternam»* (eterno).

No está permitido sustituir por otros cantos los incluidos en el Ordinario de la Misa, por ejemplo, para el Cordero de Dios. (Cfr. IGMR 366)

El texto, en el Misal Romano, es el siguiente:

Mientras tanto se canta o se dice:

Cordero de Dios, que quitas el pecado del mundo,
ten piedad de nosotros.
Cordero de Dios, que quitas el pecado del mundo,
ten piedad de nosotros.
Cordero de Dios, que quitas el pecado del mundo,
danos la paz.

Si la fracción del pan se prolonga, el canto precedente puede repetirse varias veces. La última vez se dice: danos la paz.

21. Canto de Comunión

La finalidad del canto de comunión es *«expresar, por la unión de las voces, la unión espiritual de quienes están comulgando, demostrar al mismo tiempo la alegría del corazón ("Dichosos los invitados a la cena del Señor") y hacer más fraternal la procesión de quienes van avanzando para recibir el Cuerpo de Cristo».*

Es un canto procesional. Pone en movimiento el cuerpo social de la asamblea que se dispone a recibir al Salvador en el banquete de la vida.

Este movimiento procesional de la asamblea hacia la mesa común, para acoger y recibir el manjar de Dios, lleva a su término y hace culminar los otros procesionales de entrada y presentación de dones.

Una asamblea que camina toda ella cantando hacia el centro común, es todo un símbolo de la Iglesia que peregrina, con alegría festiva, ahora hacia la mesa de la Iglesia; después hacia la mesa del Banquete de Bodas del Reino.

Salimos de nuestro lugar y caminamos para recibir un Don que nos es dado gratuita y graciosamente. Este Don no proviene de la asamblea misma, sino que le es dado como Don generoso por parte del Padre Dios, que se ha sentado a la mesa con todos sus hijos y a todos alimenta.

Es el canto procesional de la misa más antiguo y el que durante más tiempo se ha conservado. Comenzó a introducirse en algunas iglesias en el siglo IV, y en la Iglesia de Roma aparece definitivamente admitido en el siglo V.

En los comienzos era siempre el salmo 33, con su antífona *«Gusten y vean qué bueno es el Señor»*. A partir del siglo VI comenzó a variar de texto, pero continuó cantándose hasta el siglo XII, durante el desfile de los fieles que se acercan a comulgar. Al reducirse el número de fieles comulgantes, el salmo fue perdiendo versos, hasta quedar sólo la antífona. Esta antífona, a partir del siglo XII, la cantaban, después de comulgar, el sacerdote y los fieles, por lo que se consideraba de acción de gracias y pasó a llamarse «postcommunio».

«Mientras el sacerdote toma el Sacramento, se inicia el canto de Comunión, que debe expresar, por la unión de las voces, la unión espiritual de quienes comulgan, manifestar el gozo del corazón y esclarecer mejor la índole "comunitaria" de la procesión para recibir la Eucaristía» (Cfr. *IGMR*, 86, 159). El canto se prolonga mientras se distribuye el Sacramento a los fieles. El canto se comienza cuando comulga el sacerdote, y se prolonga mientras comulgan los fieles hasta el momento que parezca oportuno. En el caso de que se cante un himno después de la comunión, ese canto conclúyase a tiempo.

Aunque sean muchos los comulgantes, en vez de tener varios cantos de comunión, es preferible que se tenga un solo canto para poder cantar las distintas estrofas, intercalar silencios o interludios musicales; incluso cuando se han cantado todas las estrofas, se pueden repetir algunas de ellas que tengan una relación más estrecha con la liturgia del día.

22. Oración de Post Comunión

Después de la Comunión puede la asamblea recogerse en un silencio de adoración y gratitud, o escuchar unas palabras de meditación, o, según las orientaciones litúrgicas, cantar "un salmo o un cántico de alabanza, o un himno" (Cfr. *IGMR*, 88).

Luego, el sacerdote, de pie en la sede o desde altar, de cara al pueblo, con las manos juntas, dice: Oremos; y con las manos extendidas dice la oración después de la Comunión, a la que puede preceder un intervalo de silencio meditativo, al final de la cual el pueblo aclama: *Amén*. (Cfr. IGMR 164-165)

V. Ritos Finales

Los ritos finales, de salida o conclusión son:
- Los avisos;
- Saludo y bendición;
- Despedida y canto Final.

El sentido y finalidad de estos es concluir la celebración, bendecir al pueblo y llamar al compromiso de vivir en la práctica la fe que se ha celebrado.

Son breves saludos y despedidas que dirige el presbítero a la asamblea. Se oye cantar de nuevo "el Señor esté con ustedes", porque la presencia de Jesús, que de modo sacramental se acaba de vivir, debe prolongarse a lo largo de toda la vida.

Pueden luego decirse bellos deseos de bendición, que vayan de acuerdo con el espíritu de la liturgia celebrada.

Estos culminan con la bendición del Padre, del Hijo y del Espíritu Santo, y como colofón, con el saludo: *"pueden ir en paz"*.

Ir en paz es la misión que da la Iglesia. La asamblea canta: *"demos gracias a Dios"*. Es como la última palabra eucarística que se dice, es como el resumen de lo que se acaba de celebrar, y el propósito de lo que se debe hacer a lo largo de la vida: dar gracias a Dios por todo, en el nombre de Nuestro Señor Jesucristo.

23. Avisos, bendición y despedida

Al terminar la oración después de la Comunión se pueden dar breves avisos a la asamblea. Así, como lo dice el refrán: "Lo bueno, si breve, dos veces bueno". Un aviso "eeeeeeterno", que parece que nunca va a acabar hace que los ánimos se indispongan y no se quiera escuchar (Cfr. Lc 10, 4b).

Luego, el sacerdote saluda otra vez al pueblo lo bendice, trazando sobre ellos la señal de la cruz.

En algunos días y ocasiones especiales, esta bendición se enriquece y se expresa con la oración sobre el pueblo o con otra fórmula más solemne.

24. Canto Final

El canto final o de salida nunca ha sido parte oficial del rito; pero se ha generalizado la costumbre de entonarlo en algún momento del rito de conclusión o después de la despedida. En este último caso puede tener el sentido de salida gozosa y de acompañamiento a la procesión de los ministros.

Aunque en torno a este canto hay opiniones diversas, pastoralmente es conveniente hacerlo. Idealmente debería hacerse antes de que se despidiera a la asamblea con el "Pueden ir en paz", pues es un contrasentido despedir la asamblea y al mismo tiempo retenerla para cantar a la salida de la celebración.

Si se canta, debería ser un canto que motive a realizar en la vida lo que se ha celebrado en el templo. Ese es el sentido de la palabra "Misa", ser enviados a construir la realidad del reino de Dios que ahí hemos celebrado.

También podría servir para mantener el tono del momento del año litúrgico en que nos encontramos o de la fiesta que hemos celebrado.

Mientras los cristianos comienzan a dejar sus puestos, y a dirigirse hacia la calle, se oyen acordes musicales, o se entonan nuevos cánticos, en los cuales se subraya la despedida y la misión.

6. EL CANTO DURANTE EL AÑO LITÚRGICO

Se habla muchas veces del año escolar, año fiscal, año civil, etc. En realidad, para el cristiano no hay diferencia entre tiempo sagrado y profano estrictamente hablando porque «en todo tiempo y lugar» es «justo y necesario dar gracias a Dios».

1. Sentido del Año Cristiano

En diversos ambientes y culturas el sentido del tiempo es diferente a como lo es para el cristiano. En el culto pagano se veía todo como un círculo en donde cíclicamente se volvían a repetir las mismas celebraciones.

La pedagogía divina presenta el tiempo en avance hacia su realización final. No es un tiempo lineal en que celebramos en un momento el nacimiento del Salvador y unos meses después su muerte, sino que cada vez que celebramos actualizamos esos acontecimientos en camino a su realización plena. Es un evento que siempre apunta a una realidad última.

Así, el tiempo pagano se podría describir como un círculo, marcado por el fatalismo de la historia:

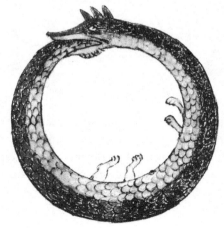

El uróboros (del griego «ουϱοβόϱος»), es un símbolo de la alquimia que muestra a un animal serpentiforme que se come su propia cola y que conforma, con su cuerpo, una forma circular. Simboliza el ciclo eterno de las cosas, también el esfuerzo eterno, la lucha eterna o bien el esfuerzo inútil, ya que el ciclo vuelve a comenzar a pesar de las acciones para impedirlo.

El tiempo pagano se podría también identificar con el mito de Sísifo, quien, por su castigo, debe arrastrar cuesta arriba una pesada piedra y siempre que está llegando al final, la piedra se resbala y debe empezar de nuevo.

Otros han hablado, desde el ámbito pagano, del mito del eterno retorno (Mircea Eliade). De cómo las cosas, aunque se actualicen nuevamente, no hacen más que repetir la experiencia del pasado.

Para el cristiano, la experiencia arranca en el pasado. El hecho histórico que se verificó es el punto de arranque. La celebración es memoria y recuerdo de esa experiencia. Una pista la podemos tener en la misma manera cómo la Iglesia proclama y anuncia el evangelio: *"En aquel tiempo…"*. La frase en realidad no se encuentra en el texto que se proclama. Muy rara vez se puede encontrar en el evangelio de manera que coincida con la lectura que se proclama el día correspondiente. Pero siempre evoca un punto de arranque que nos lleva al presente. Es un recuerdo actualizante.

Diferente al concepto pagano del tiempo, el tiempo cristiano nos lleva a recrear los mismos acontecimientos que celebramos, reviviéndolos y recreándolos al mismo tiempo que nos orienta a su realidad final:

Es cierto que todos los años volvemos a celebrar los mismos misterios (aniversario), pero como los celebramos intentando vivirlos, vamos progresando hacia el final de los tiempos. La historia de la salvación es la de un pueblo en marcha; es un tiempo que va de la creación a la nueva creación, y este mundo nuevo se construye en el presente del hombre, día a día y año tras año Estamos situados entre dos polos: la venida del Señor entre nosotros y su pascua histórica, por una parte, y su retorno en su pascua definitiva, por otra.

La semana cristiana

La tradición judía ha estado orientada a la celebración del *sábado* como último día de la creación y razón del descanso. Ese día Dios descansó de crear los cielos y la tierra y, por lo tanto, el judío debe descansar, a ejemplo de Yahvé, para dedicarlo al culto y la alabanza del Señor. En cambio, la iglesia de los apóstoles prefirió el día siguiente, el primer día de la semana (no el último, como lo harían pensar nuestras costumbres modernas), para señalar así que la resurrección de Cristo inauguraba un tiempo nuevo. Además, ese primer día de la semana, que pronto se llamó «*día del Señor*» (*dies dominica* = domingo) (Ap 1, 20), término que evocaba a su vez el «día de Yahvé», está cargado del simbolismo de la creación. Con el resucitado había nacido un mundo nuevo. En este sentido, ciertas tradiciones lo llamaron también «día octavo»: ¡a mundo nuevo, tiempo nuevo! Además, en el mundo romano, era el «día del sol».

Una pascua semanal

El domingo es, pues, una pascua semanal. La insistencia que muestran los evangelistas en señalar que el resucitado se manifiesta a la iglesia reunida en asamblea el primer día de la semana lo demuestra ampliamente (Cfr. Mt 28, 1. Mc 16, 2. 9. Lc 24, 1. Jn 20, 1 y Hch 20, 7).

En los primeros siglos cabe recordar, el domingo era día laboral y que los cristianos tenían que realizar un esfuerzo para reunirse. Por eso lo hacían de noche, como vemos en Hch 20, 7. La principal razón para esa reunión semanal fue la fracción del Pan, esto es, lo que celebramos como la Eucaristía del Señor.

El Misterio Pascual y el Año Litúrgico

El año litúrgico se ha ido construyendo poco a poco en varios ciclos:

1. El ciclo pascual tiene como núcleo original la vigilia pascual.
- Se prolonga a lo largo de los 50 días que llegan hasta Pentecostés (*Pentecostés* significa «50»), es decir, 7 semanas de 7 días.
- Como preparación, se va formando un período de 40 días, la cuaresma (del latín *quadragésima* = «40»).
- Al mismo tiempo, la vigilia pascual se planifica en tres días, el triduo pascual, que a continuación dio origen al *domingo de ramos* y por consiguiente a la *semana santa*.

2. El ciclo de navidad. La fiesta de navidad (nativitas o natividad) no nació hasta el siglo IV. De hecho, era una manera de recuperar las fiestas paganas del solsticio de invierno, ya que nada nos indica que Jesús naciera el 25 de diciembre. Lo mismo ocurrió con la epifanía (del griego epiphania, «manifestación») en oriente, donde se celebraba el solsticio el 6 de enero.

Hacia el siglo VI, lo mismo que ocurrió con la cuaresma antes de pascua, se empezó a celebrar el adviento como preparación para la navidad.

Finalmente, la fiesta de la presentación (la «candelaria») es una prolongación de las fiestas de navidad.

Incluso en navidad, celebramos el misterio pascual.

No hay que perder de vista la pascua semanal, tanto si es el primer domingo de adviento, como el día de epifanía o el domingo 27 del tiempo ordinario, celebramos siempre a Jesucristo muerto y resucitado. Cristo resucitado es el astro que ilumina todo nuestro año, y es él el que hace brillar, a lo largo de los domingos y de las fiestas, cada una de las facetas del misterio de la fe.

Las consecuencias pastorales de este hecho son innumerables. Pongamos el ejemplo de navidad fiesta popular, tristemente considerada como más importante para el pueblo que la pascua. Una celebración que nos separara de la imagen del niño Jesús pareciera que iría en contra del sentido de la fiesta. Es verdad que el simbolismo de navidad es bueno y hermoso, pero se vería gravemente mutilado si no se contemplase, al mismo tiempo, el destino del Hombre Dios, que adquiere toda su dimensión en el sacrificio pascual. Por otra parte, si nos fijamos en los datos de la liturgia, no podemos mutilar el misterio de navidad, ya que celebramos en él la eucaristía que es la pascua de Cristo.

El año litúrgico es una *anamnesis* perpetua. Todas las fiestas se celebran en las tres dimensiones del tiempo ayer, hoy y mañana. Por ejemplo, navidad que vino hace 2,000 años, viene hoy a nosotros (por la iglesia, por la conversión) y volverá algún día.

El leccionario

Cabe anotar brevemente que, para las lecturas de la celebración eucarística, para las celebraciones del domingo, se han distribuido en tres ciclos, con su correspondiente evangelista. Así el Ciclo A, corresponde a Mateo, el Ciclo B a Marcos y el Ciclo C a Lucas. El evangelio de Juan se lee dentro de cualquiera de estos ciclos. La fecha de inicio de un nuevo ciclo es el primer domingo de Adviento.

Para los días entre semana, se han dividido en dos años. Año Par y Año Impar. Hace referencia al último dígito de la fecha del año del calendario. Por ejemplo, el 2018 es año par, el 2019 es año impar. Y así sucesivamente

EL AÑO LITURGICO			
ACONTECIMIENTOS DE LA VIDA DE JESÚS	**FIESTAS**	**MESES DEL AÑO**	**TIEMPOS LITÚRGICOS**
El Mesías prometido Nacimiento en Belén	Adviento Navidad	Noviembre Diciembre	Adviento
Vida con José y María Visita de los sabios de oriente	Sagrada Familia Epifanía	Enero	Navidad
Bautismo en el Jordán por Juan el Bautista	Bautismo		Primer bloque del Tiempo Ordinario
Presentado al Templo por sus padres	Presentación	Febrero	
Los 40 días en el desierto y las tentaciones	Cuaresma	Marzo	Cuaresma
Entra triunfante en Jerusalén, última cena, pasión, crucifixión y resurrección.	Semana Santa y Pascua de Resurrección	Abril	Pascua
Ascensión al cielo	Ascensión	Mayo	
Donación del Espíritu Santo a los apóstoles.	Pentecostés	Junio	
Presencia real de Jesucristo en la Eucaristía.	Corpus Christi	Junio	Segundo bloque del Tiempo ordinario
		Julio	
Transfiguración		Agosto	
La Santa Cruz		Septiembre	
		Octubre	

El año litúrgico

Aunque no entraremos en todos los detalles vamos a tomar como punto de partida lo que la misma Iglesia considera el inicio del año litúrgico.

No hay que negar que el inicio del año sea un poco arbitrario. Siendo la Pascua lo más importante en la liturgia católica, sin embargo, el año litúrgico empieza el primer domingo de adviento.

1. El **adviento**, del latín *adventus* (llegada), en griego parusía, que designaba el acto de sacar a la estatua divina del templo para que la contemplase el pueblo. Este término de parusía designa en nuestro vocabulario cristiano la vuelta de Jesucristo al final de los tiempos. Esto ilumina el espíritu de adviento, que es una mirada a la vez hacia la navidad y hacia el regreso de Cristo «Preparen los caminos del Señor».

Como tiempo de preparación, el adviento ha sido siempre menos austero que la cuaresma. El tercer domingo llega incluso a vibrar de gozo. Y se le conoce como *domingo gaudete* ("alégrense") por la primera palabra del canto de entrada (introito) en la eucaristía y por el tono de alegría que dan las lecturas y oraciones de ese día. *"Estén siempre alegres en el Señor* –dice san Pablo–; *se los repito, estén alegres. El Señor está cerca"* (Flp 4,4). Estas palabras las dijo el apóstol cuando se encontraba prisionero. Es alegría derivada del gozo de dos alumbramientos: el que festeja la primera venida del Señor en navidad y el que se producirá en la segunda venida de Cristo.

El adviento tiene una doble dimensión. La primera es de carácter más escatológico porque nos invita a mirar hacia la segunda venida de Cristo. En cambio, la segunda parte, que se inicia a partir del 16 de diciembre, en donde se tienen las *antífonas de la O*, las posadas y la novena de Navidad, invita a una preparación más próxima por la llegada de la navidad.

2. **Navidad, epifanía, el bautismo de Jesús**. La primera es más importante para nosotros, en el occidente, la segunda, en cambio, es importante en oriente, para los griegos y ortodoxos. Pero estas tres fiestas no son suficientes para explotar toda la riqueza del misterio de Dios hecho hombre.

Navidad insiste más en el nacimiento humano de Cristo, en su manifestación a los «pobres» (José, María, los pastores).

Epifanía insiste más en la manifestación de Jesús como Hijo de Dios a todas las naciones (los magos) Es la fiesta de la universalidad de la iglesia.

El bautismo es la manifestación de Jesús como Hijo de Dios al comienzo de su misión, que le llevará hasta pascua.

3. La **cuaresma**. En su origen, era el tiempo en que muchos cristianos ayunaban voluntariamente durante algunos días, así se convirtió en el tiempo en que los catecúmenos se preparaban para el bautismo y los penitentes para la reconciliación. Pasó luego a ser para toda la iglesia el tiempo de la conversión y de la meditación de la palabra de Dios, el tiempo en que vuelven a contemplarse los grandes símbolos del bautismo (evocados a menudo por los evangelios sobre todo durante el ciclo A).

Tiempo fuerte de la iglesia, especie de «retiro» colectivo, en el que vuelve a vivir su bautismo asociándose al combate de Cristo. La cuaresma dura cuarenta días: cuarenta, en la biblia, es el tiempo de la prueba (diluvio, los hebreos y luego Jesús en el desierto), el tiempo de una generación en que el hombre puede transformarse.

Comienza unos días antes con el rito de la ceniza, destinado antiguamente a los penitentes que se veían durante algún tiempo excluidos de la asamblea, lo mismo que Adán se vio excluido del paraíso (de ahí la fórmula: «Recuerda que eres polvo...»).

4. **Semana Santa y Pascua**

a) Comienza por el **domingo de ramos**. También aquí está presente el doble dato muerte-resurrección: se empieza por el triunfo de los ramos, anunciador de la pascua, para proseguir luego con la celebración de la pasión y terminar con la eucaristía.

b) El **triduo pascual**: jueves, viernes y sábado santos. Forman un todo que tiene su cima en la vigilia (y no en el domingo).

- El *jueves santo*: en el centro, la institución de la eucaristía, nueva pascua, y su traducción en el gesto del lavatorio de los pies (simplemente proclamado o incluso representado).

- El *viernes santo*: síntesis de dos tipos de oficios, uno occidental (la pasión) y otro oriental (veneración triunfal de la cruz). Se ha conservado la tradición antigua de no celebrar la eucaristía; se completa la liturgia con la comunión.

- El *sábado santo*: ritos del fuego y de la luz (simbolismo luz / tinieblas).

- Liturgia desarrollada de la palabra.

- Liturgia bautismal.

- Liturgia eucarística.

- Ágapes.

c) Los **cincuenta días de pascua**. Se abre entonces la semana grande, la semana de siete semanas que conduce hasta Pentecostés: es el «gran domingo».

Tan solo más tarde se rompió la unidad de esta cincuentena con la fiesta de la ascensión, que es una forma más de celebrar la resurrección (véase Jn 20, 17).

d) **Pentecostés** (*pentecosta* = cincuenta). En el Antiguo Testamento era la fiesta de la cosecha; según san Lucas, es el día en que nace la iglesia bajo el poder del Espíritu y en que es enviada al mundo (en san Juan todo esto ocurre inmediatamente después de la resurrección: cf. Jn 20, 21-23).

5. El **tiempo ordinario**. Son todos los demás domingos. Dada la movilidad del tiempo de pascua, entre los dos ciclos de navidad y de pascua se coloca un número mayor o menor de domingos. Se celebra en ellos el misterio pascual con diversas consideraciones de la palabra de Dios. Los últimos se orientan claramente hacia la vuelta de Cristo. En cierto modo anticipan el tiempo del adviento.

6. Las **fiestas ligadas al calendario civil**. Fuera del año litúrgico existe lo que se llama el santoral, es decir, las fiestas de los santos.

Son secundarias respecto a los domingos y a los dos ciclos mencionados, excepto algunas que pueden suplantar a un domingo ordinario.

ESQUEMA DEL AÑO LITÚRGICO

Inicio del Año Litúrgico	Adviento	4 domingos
25 diciembre - 6 enero	Navidad	2 domingos
Domingo después del 6 enero	Epifanía	1 domingo
Lunes siguiente	Tiempo Ordinario	5 a 9 semanas
Miércoles de Ceniza	Cuaresma	40 días
Jueves Santo a Sábado Santo	Triduo Pascual	3 días
Domingo de Resurrección	**PASCUA**	50 días
Siguiente domingo	Pentecostés	1 semana
Siguiente domingo	Tiempo Ordinario	21 a 25 semanas
Último Domingo Ordinario	Cristo Rey	Fin del Año Litúrgico

2. El año litúrgico y los cantos de la misa

Existen cantos de alabanza, de adoración, de exaltación, cantos al Espíritu Santo, de acción de gracias... Se podría decir que algunos cantos, aunque religiosos, no son litúrgicos. Otros, que son litúrgicos, no se cantan en eventos religiosos de carácter no litúrgico: una reunión, un congreso, un taller, etc. Pero todos estos cantos pertenecen al repertorio del ministro del canto.

Adviento, navidad, cuaresma, pascua... son momentos del año litúrgico en que se divide nuestro calendario. En cada uno de ellos conmemoramos lo mismo y a la vez diferentes acontecimientos muy especiales que naturalmente van de la mano con el carácter de cada rito litúrgico.

Si se ignoran o desconocen los tiempos litúrgicos sencillamente se puede afirmar que no se está en capacidad de animar musicalmente una celebración litúrgica, por más versados que se pueda ser en el arte musical.

El Año Litúrgico es la celebración-memorial (actualización) del misterio de Cristo en el Tiempo, de las etapas más importantes del desarrollo de la historia de salvación del hombre.

Es un camino de fe que nos introduce progresivamente en el misterio de la salvación; que los cristianos recorremos para realizar en nosotros este plan divino de amor que apunta a la salvación y al conocimiento de la verdad (Cfr. 1 Tm 2, 4).

Acostumbrados al 1 de enero, como inicio del año civil, por lo regular, miramos al adviento como inicio del año litúrgico y a su momento culminante, la Pascua. Durante el año, la Iglesia celebra dos momentos importantes: Pascua y Navidad. Como preparación de esos momentos y con una espiritualidad algo diferente hay otros dos mementos: Cuaresma y Adviento. El resto del año se le llama Tiempo Ordinario en el que se celebra la Pascua semanal cada domingo.

El año litúrgico en relación con la celebración eucarística

El momento del año litúrgico en que nos encontramos influye directamente en las celebraciones religiosas, aspecto que debe tener siempre presente el músico a la hora de seleccionar e interpretar los cantos.

Dentro del tiempo de pascua describiremos detalladamente la celebración más importante de todo el año: La Vigilia Pascual, de la misma manera los cantos que sugerimos para cada momento de esta gran celebración. Igualmente, con los demás tiempos litúrgicos y las celebraciones más importantes.

Como además del tiempo y el lugar, el elemento cromático también ha sido introducido en la liturgia a razón de las vestiduras de los ministros. Por eso encontramos que de acuerdo al momento del año litúrgico en que nos encontramos cambia los colores de las vestiduras de los celebrantes.

Los colores en la Liturgia

Las vestiduras que los ministros de las celebraciones litúrgicas usan, siguiendo una antigua tradición, se distinguen de las vestiduras profanas, como viendo a ocultar, de alguna manera, su individualidad para poner más de relieve su función al servicio de la comunidad y su dignidad.

Los diversos colores que se usan en las vestiduras expresan al exterior las características particulares de los misterios que se celebran cada día (por ejemplo, el blanco, usado en las celebraciones de los misterios gozosos y gloriosos del Señor). Estos colores sirven, además, para mostrar el sentido progresivo de la vida cristiana a lo largo del año litúrgico (por ejemplo, el morado o violeta en los períodos de purificación, como preparación para las celebraciones de la natividad y de la pascua del Señor; el blanco, en los períodos de la gozosa celebración de dichos misterios; el verde, en el tiempo ordinario, vivido en una confiada espera de las realidades últimas).

El uso de los colores, que se venía fraguando desde hacía muchos años, quedó finalmente establecido en el Misal Romano promulgado por el Papa Pío V en el año 1570. Fue el papa Inocencio III († 1216) quien definió, en cierto sentido, el simbolismo de los colores.

Blanco – Se usa durante el tiempo de Pascua y Navidad, para las solemnidades y fiestas del Señor, de María, de los ángeles y de los santos no mártires. También para la celebración de los sacramentos del Bautismo, Matrimonio y Orden Sacerdotal, como para la Comunión fuera de la celebración de la misa. Simboliza luz, lo divino, gozo, pureza, gloria, gracia.

Rojo – Usado en el Domingo de Ramos, las fiestas del Espíritu Santo (Pentecostés), de los Apóstoles (excepto la de San Juan Evangelista, el 27 de diciembre), de los Mártires y Evangelistas, el Viernes Santo, y la fiesta de la Santa Cruz. Simboliza martirio, sangre, amor.

Verde – Concretamente para el Tiempo Ordinario. Durante los días que van desde la celebración de la Epifanía hasta el Miércoles de Ceniza y después de Pentecostés hasta el primer domingo de Adviento. Simboliza esperanza.

Morado – Para los días penitenciales, exequias y funerales. También para la Cuaresma y el Adviento. Se utiliza para los sacramentos de la Reconciliación y Unción de los Enfermos. Simboliza penitencia.

Son también colores litúrgicos, aunque menos utilizados:

Negro - Para las exequias y misas de difuntos. Simboliza luto y dolor. Este puede ser sustituido por el morado.

Rosado – Se utiliza exclusivamente en dos domingos del año litúrgico para expresar un aligeramiento de la penitencia en el tercer domingo de Adviento, Gaudete, y cuarto domingo de Cuaresma, Laetare.

Azul – Usado en las iglesias de España por privilegio especial de la Santa Sede para la solemnidad de la Inmaculada Concepción.

Los ornamentos de color dorado se utilizan regularmente substituyendo al blanco y a otros colores.

Las Celebraciones a lo largo del Año Litúrgico

¿Son todas las celebraciones iguales? Realmente no. Son muchas las variables que hacen que una celebración sea completamente diferente a la otra. Muchas veces no nos damos cuenta, pero la realidad es que ni siquiera de un domingo a otro podemos decir que se repite la misa.

La estructura que disponemos actualmente en la liturgia fue configurada por la carta apostólica *«Mysterii Paschalis»* dada en forma de "Motu proprio" del Papa Pablo VI para la aprobación de las Normas Generales del Año Litúrgico y del Nuevo Calendario Universal. Este documento es del 14 de febrero del 1969.

Tomamos algunos datos de ese documento para nuestra reflexión:

Cada día se santifica por las celebraciones litúrgicas del Pueblo de Dios, especialmente mediante el sacrificio eucarístico y el Oficio divino.

El día litúrgico va de medianoche a medianoche. Pero la celebración del domingo y de las solemnidades comienza en la tarde del día anterior.

Por una tradición apostólica que se remonta al mismo día de la Resurrección de Cristo, el primer día de la semana, llamado día del Señor o domingo, la Iglesia celebra el Misterio Pascual. Por eso el domingo debe considerarse como el día de fiesta primordial. Sólo tienen prioridad, sobre él, la celebración de las solemnidades y las fiestas del Señor. Pero los domingos de Adviento, de Cuaresma y Pascua tienen prioridad sobre todas las fiestas del Señor y sobre todas las solemnidades.

El domingo excluye siempre la asignación perpetua de otra celebración. Sin embargo:

a) El domingo en la octava de Navidad, se celebra la Sagrada Familia.

b) El domingo después del 6 de enero, se celebra la fiesta del Bautismo de nuestro Señor.

c) El domingo después de Pentecostés, se celebra la solemnidad de la Santísima Trinidad.

d) El último domingo ordinario, se celebra la solemnidad de Jesucristo, rey del Universo.

En los lugares donde la Epifanía, Ascensión y Corpus Christi no son de precepto (como es nuestro caso en los Estados Unidos), se les asigna un domingo como día propio, a saber:

a) Epifanía: el domingo que cae entre el 2 y el 8 de enero.

b) Ascensión: el 7° domingo de Pascua.

c) Santísimo Cuerpo y Sangre de Cristo: el domingo después de la Santísima Trinidad.

Las celebraciones (del Señor, la Virgen María y los Santos) se dividen según su importancia y se denominan: *solemnidades*, *fiestas* y *memorias*.

Las *solemnidades* corresponden a los días principales cuya celebración comienza el día anterior con las primeras vísperas. Algunas solemnidades tienen incluso una Misa propia de vigilia para la tarde de la víspera, si se celebra la Misa vespertina.

La celebración de las grandes solemnidades de la Pascua y Navidad se continúan durante ocho días seguidos. Cada una de estas octavas se rige por sus leyes propias.

Las *fiestas* se celebran dentro de los límites del día natural. Por consiguiente, no tienen primeras vísperas, a no ser que se trate de fiestas del Señor que coincidan con los domingos ordinarios o del tiempo de Navidad y que sustituyan el Oficio del domingo.

Las *memorias* son obligatorias o facultativas. Su celebración se combina con el día de la semana (feria) correspondiente según las normas expuestas en la Instrucción General del Misal Romano y de la Liturgia de las Horas.

Se llama *ferias* los días de la semana que siguen al domingo. Se celebran de diversas maneras, según su importancia propia:

a) El *Miércoles de Ceniza* y los días de la *Semana Santa* a partir del Lunes Santo hasta el Jueves Santo, inclusive, tienen preferencia sobre cualquier otra celebración.

b) Las ferias del Adviento, del 17 al 24 de diciembre, inclusive, y todas las ferias de Cuaresma tienen preferencia sobre cualquier memoria obligatoria.

c) Las demás ferias ceden el lugar a todas las solemnidades y fiestas y se combinan con las memorias.

En este mismo documento se encuentra una tabla de precedencia de los días litúrgicos que consideramos importante conocer.

TABLA DE DÍAS LITÚRGICOS
según su orden de precedencia
I

1. Triduo Pascual de la Pasión y Resurrección del Señor.

2. Navidad, Epifanía, Ascensión y Pentecostés.
   Domingos de Adviento, Cuaresma y Pascua.
   Miércoles de Ceniza.
   Lunes a jueves de la Semana Santa.
   Días durante la octava de Pascua.

3. Solemnidades del Señor, de la Virgen María y de los santos incluidos en el Calendario general.
   Conmemoración de todos los fieles difuntos.

4. Solemnidades propias:
   a) Solemnidad del Patrono principal del lugar, de la ciudad o del país.
   b) Solemnidad de la dedicación y del aniversario de dedicación de la iglesia propia.
   c) Solemnidad del Titular de la iglesia propia.
   d) Solemnidad del Titular,
      o del fundador
      o del Patrono principal de la Orden o Congregación.

II

5. Fiestas del Señor incluidas en el Calendario general.
6. Domingos del tiempo de Navidad y domingos «durante el año».
7. Fiestas de la Virgen María y de los santos del Calendario general.
8. Fiestas propias:

    a) Fiesta del Patrono principal de la diócesis.

    b) Fiesta del aniversario de la dedicación de la iglesia catedral.

    c) Fiesta del Patrono principal de la región o provincia, nación o territorio más amplio.

    d) Fiesta del Titular, Fundador, Patrono principal de la Orden o Congregación y provincia religiosa, salvo lo prescrito en el n. 4.

    e) Las demás fiestas propias de una iglesia.

    f) Las demás fiestas incluidas en el calendario de una diócesis, Orden o Congregación.

9. Las ferias de Adviento del 17 al 24 de diciembre, inclusive.

    Días durante la octava de Navidad.

    Ferias de Cuaresma.

III

10. Memorias obligatorias del Calendario general.
11. Memorias obligatorias propias:

    a) Memoria del Patrono secundario del lugar, diócesis, región o provincia religiosa.

    b) Las demás memorias obligatorias incluidas en el calendario de una diócesis, Orden o Congregación.

12. Memorias facultativas, que también pueden celebrarse los días del n. 9, del modo particular indicado en las Normas Generales del Misal Romano y de la Liturgia de las Horas.

De la misma manera, las memorias obligatorias que caen ocasionalmente en las ferias de Cuaresma, pueden ser celebradas como memorias facultativas.

13. Ferias de Adviento hasta el 16 de diciembre, inclusive.

    Ferias del tiempo de Navidad desde el 2 de enero hasta el sábado después de Epifanía.

    Ferias del tiempo pascual del lunes después de la octava de Pascua hasta el sábado antes de Pentecostés, inclusive.

    Ferias «durante el año».

De acuerdo a esta tabla, nos encontramos que el ordinario de la misa cambia de acuerdo al tipo de celebración.

Domingo y Solemnidades	Fiestas	Memorias	Ferias
Gloria	Gloria	No Gloria	No Gloria
Credo	No Credo	No Credo	No Credo

Aun así, la misa tiene ciertas variaciones de acuerdo al momento del año litúrgico en que nos encontremos.

a) Adviento

Durante el tiempo del Adviento no se canta el Gloria. La Solemnidad de la Inmaculada Concepción y en cierta manera la fiesta de Nuestra Señora de Guadalupe, por la particularidad de la comunidad, rompen, en cierta manera la sobriedad del adviento.

El Adviento es tiempo de doble espera, la del final de los tiempos y la que nos acerca a la conmemoración del nacimiento de nuestro Señor Jesucristo. Es un tiempo de oración. Este tiempo litúrgico consta de cuatro semanas anteriores al 25 de diciembre.

b) Navidad

La mañana del 24 de diciembre pertenece aún al tiempo del Adviento. Ya en la tarde-noche, la misa de la Vigilia inicia el tiempo de Navidad y el Gloria se entona nuevamente en la celebración. Además de la misa de la vigilia, también ese día se tiene durante la noche la misa de medianoche y ya al amanecer del 25, la misa de la aurora. Entrado el día, se celebra la misa de Navidad.

La semana que va del 25 al 31, se considera como una extensión de la misma fiesta y aunque es interrumpida por algunas celebraciones, como la de San Esteban, San Juan Evangelista, Los Santos Inocentes, en toda ella se canta el Gloria.

Durante el tiempo de Navidad tienen lugar los villancicos.

Su origen no está muy claro. Pero lo que se puede comprobar de momento es que no son composiciones estrictamente para ser cantadas en la liturgia, aunque bien se podría decir que pertenecen a la religiosidad popular.

Se remontan a la Edad Media, y tienen para nosotros su florecimiento durante el renacimiento español.

Los Villancicos son estructuras poéticas menores, de contenido alegre y sencilla composición, en la que se alterna un estribillo con estrofas de diferente forma, ritmo y medida. Su popularidad los hace muy útil en la liturgia.

Es recomendable coordinar con quien preside la celebración para conocer el momento más indicado para tales cantos en la celebración litúrgica durante la Navidad.

c) Epifanía

La antífona al cántico evangélico de las segundas vísperas del día de la Epifanía manifiesta claramente el sentido de la fiesta:

«Veneremos este día santo, honrado con tres prodigios: hoy, la estrella condujo a los magos al pesebre; hoy, el agua se convirtió en vino en las bodas de Caná; hoy, Cristo fue bautizado por Juan en el Jordán, para salvarnos. Aleluya».

Es, en cierta manera, la Epifanía una celebración que se desdobla. De esta manera, aunque al día siguiente se inicia el primer bloque del tiempo ordinario, el domingo siguiente aún se celebra la solemnidad del bautismo del Señor.

d) **Primer bloque del Tiempo Ordinario.**

Se inicia propiamente el día siguiente a la Epifanía, aunque muchas veces se inicia después de la fiesta del bautismo del Señor.

Este primer bloque se extiende hasta el día anterior al miércoles de ceniza.

Las fechas no siempre coinciden porque la Pascua se celebra en la primera luna llena de primavera.

e) **La Cuaresma**

La Cuaresma empieza el Miércoles de Ceniza y se prolonga durante los cuarenta días anteriores al Triduo Pascual (jueves, viernes y sábado Santos). Es tiempo de preparación para la Pascua o Paso del Señor. La espiritualidad este tiempo está marcada por el insistente llamado a la oración, la penitencia y el ayuno.

Durante la celebración eucarística de los días la cuaresma ha de destacarse la sobriedad. El Gloria y el Aleluya se suprimen. También debería considerarse suprimir el canto de salida para dar más sobriedad a la celebración.

f) **Semana Santa**

La cuaresma concluye el Domingo de Ramos. Ahí se inicia la Semana Mayor.

Propio del Domingo de Ramos es la celebración de la entrada triunfal de Jesús en Jerusalén y la lectura de la Pasión, de acuerdo al evangelista del ciclo litúrgico correspondiente.

La celebración litúrgica de ese día empieza con la bendición de los ramos. El sacerdote se dirige a los presentes y luego bendice los ramos. Terminada la bendición se proclama el evangelio correspondiente. Puede haber una breve homilía. Y se inicia la procesión.

Durante la procesión, el coro y el pueblo entonan los siguientes cánticos o bien otros similares en honor a Cristo Rey:

Antífona 1

Los niños hebreos, llevando ramos de olivo, salieron al encuentro del Señor, aclamando: "¡Hosanna en el cielo!"

[Según las circunstancias, esta antífona puede alternarse con los versículos del salmo 24 (23)].

Antífona 2

Los niños hebreos extendían sus manos por el camino y aclamaban: ¡Hosanna al Hijo de David! ¡Bendito el que viene en nombre del Señor!

[Según las circunstancias, esta antífona puede alternarse con los versículos del salmo 47 (46)].

O bien puede cantarse un Himno a Cristo Rey.

Al entrar la procesión en la iglesia, se canta el siguiente responsorio u otro cántico alusivo a la entrada del Señor en Jerusalén:

℣. Al entrar el Señor en la ciudad santa,

los niños hebreos con palmas en las manos

anunciaban la resurrección de la Vida, diciendo:

¡Hosanna en el cielo!

℟. Al enterarse de que Jesús llegaba a Jerusalén,
el pueblo salió a su encuentro
y con palmas en las manos, clamaba:
¡Hosanna en el cielo!

Al llegar a la sede, el sacerdote, omitiendo los ritos iniciales, y según el caso también el "Señor ten piedad", pronuncia la oración colecta de la Misa como conclusión de la procesión, y continúa como de costumbre.

Después de la segunda lectura, no hay canto.

Para la lectura de la Pasión no se llevan cirios ni se inciensa; se omite el saludo y la signación del libro.

Después de la proclamación de la Pasión, según la oportunidad hágase una breve homilía. Puede hacerse también un momento de silencio. Se dice Credo y se realiza la Oración Universal. Se continúa con el canto de preparación de las ofrendas y la misa sigue como de costumbre.

Aunque los días lunes, martes, miércoles y la mañana del jueves revisten un carácter especial y propio de la Semana Santa, el solemne Triduo Pascual se inicia en la tarde del Jueves Santo y se extiende hasta la Vigilia Pascual en la noche del sábado.

1) Jueves Santo

El Jueves Santo por la mañana, es el día preferible (aunque en muchos lugares esta celebración ha sido trasladada al jueves anterior para permitir que los sacerdotes participen y estén presente los que tienen que trasladarse grandes distancias hasta la catedral) para celebrar la Misa Crismal. Todos los presbíteros (sacerdotes) de la diócesis se unen al Obispo que preside la celebración eucarística y bendicen los Santos Oleos (aceites) que se usan en los sacramentos durante todo el año. En esta celebración los presbíteros renuevan sus promesas sacerdotales. El obispo bendice el óleo de los catecúmenos y de los enfermos y, acompañado de todos los presbíteros presentes, consagra el Santo Crisma. Con el óleo de los Catecúmenos con el que los cristianos reciben su primera unción en el Bautismo; el óleo de los Enfermos se utiliza para el sacramento de la Unción de Enfermos; y el Santo Crisma se utiliza para ungir la cabeza en el Bautismo y la Confirmación y las manos en la ordenación sacerdotal.

En la misa vespertina del Jueves Santo, en la celebración de la Cena del Señor se conmemora la institución de la Eucaristía, del sacerdocio y el mandato del Señor sobre el amor fraterno.

Se canta o se dice el Gloria. Mientras se canta este himno, se tocan las campanas. Terminado el canto, las campanas no vuelven a tocarse hasta la Vigilia Pascua. Asimismo, el órgano y de los demás instrumentos musicales deben usarse únicamente para acompañar el canto.

Puede tenerse el canto antes de la lectura del Evangelio. Terminada la homilía se hace el lavatorio de los pies. Para este momento son necesarios cantos que hablen del amor fraterno o preferiblemente las antífonas indicadas en el Misal Romano.

Inmediatamente después del lavatorio de los pies, se hace la oración de los fieles. En esta Misa no se dice el Credo.

Al comienzo de la liturgia eucarística puede organizarse una procesión de los fieles con las ofrendas para los pobres que se acercan al altar junto con el pan y el vino. Mientras tanto se canta «*Ubi cáritas et amor, Deus ibi est*», «Donde hay caridad y amor allí está nuestro Dios» u otro canto adecuado.

Al terminar la oración de después de la comunión, se forma la procesión para llevar el Santísimo Sacramento a través del templo, hasta el lugar preparado para su reserva. Mientras dura la procesión se canta el himno "*Pange lingua*" (excepto las dos últimas estrofas), u otro canto eucarístico.

Cuando la procesión ha llegado al lugar de la reserva, el sacerdote deja el copón, pone incienso y, puesto de rodillas, lo inciensa, mientras se cantan las dos últimas estrofas del "*Pange lingua*" ("*Tantum ergo sacramentum*").

2) Viernes Santo

El Viernes Santo, siguiendo una antiquísima tradición, la Iglesia conmemora la Pasión del Señor y no celebra la eucaristía o ningún otro sacramento a no ser la Reconciliación y la Unción de enfermos. También se da la comunión como viático a los enfermos.

La celebración comienza en silencio. Si hay que decir algunas palabras de introducción, debe hacerse antes de la entrada de los ministros. El sacerdote y el o los diáconos, revestidos con los ornamentos rojos como para la Misa, se dirigen en silencio al altar, hacen reverencia y se postran rostro en tierra o, según las circunstancias, se arrodillan; los fieles también se arrodillan y todos oran en silencio por unos momentos.

Después, el sacerdote, con los ministros, se dirige a la sede donde, vuelto hacia el pueblo, con las manos juntas, dice una oración.

Es el primer día del Triduo Pascual. La Iglesia no celebra un funeral, sino la muerte victoriosa del Señor. Es un día de amorosa contemplación del Sacrificio de Cristo.

Es el único día del año en el que no se celebra la Eucaristía, es decir, no hay Misa, ni Consagración del pan y el vino, recordando que en estos días (viernes y sábado) los Apóstoles estuvieron escondidos y sumergidos en la tristeza por miedo a los judíos y por la pena de ver preso y condenado a su Maestro. Hay, sin embargo, celebraciones solemnes que convocan a todos los fieles para:

➢ La *Liturgia de la Palabra*.

La primera lectura es del profeta Isaías (52,13-53,12) con el salmo correspondiente, que anuncia detallando de manera sorprendente la pasión del Mesías, y la segunda lectura tomada de la carta a los Hebreos (4,14-16; 5,7-9). Luego se lee el relato de la Pasión del Señor según san Juan (18,1-19,42) del mismo modo que el domingo precedente es decir sin cirios ni incienso. Concluida la lectura de la Pasión, se tiene una breve homilía, y terminada ésta los fieles pueden ser invitados a hacer un tiempo de oración en silencio.

La liturgia de la Palabra concluye con la oración universal que se hace de este modo: el diácono o en su ausencia un laico, desde el ambón, dice la invitación que expresa la intención; después todos oran en silencio durante unos momentos y, seguidamente, el sacerdote, desde la sede o, si parece más oportuno, desde el altar, con las manos extendidas, dice la oración. Los fieles pueden permanecer de rodillas o de pie durante toda la oración.

➤ La *Adoración de la Cruz*.

Concluida la oración universal, se realiza la solemne adoración de la Cruz.

La cruz, cubierta con un velo es llevada al altar, acompañada por dos ministros con cirios encendidos. El sacerdote, de pie ante el altar, recibe la cruz y, descubriéndola en la parte superior, la eleva, invitando a los fieles a adorar la cruz, con las palabras: "Este es el árbol de la Cruz..." ayudado en el canto por los ministros o por el coro. Todos responden "Vengan y adoremos". Acabada la aclamación todos se arrodillan y adoran en silencio durante unos momentos la cruz que el sacerdote, de pie, mantiene en alto.

Luego el sacerdote descubre el brazo derecho de la cruz y, elevándola nuevamente, comienza la invitación: "Este es el árbol de la Cruz...", y se hace como la primera vez.

Finalmente descubre totalmente la cruz y, elevándola, comienza por tercera vez la invitación: "Este es el árbol de la Cruz..." y se hace todo como la primera vez.

Después, acompañado por dos ministros con cirios encendidos, lleva la cruz hasta la entrada del presbiterio, o a otro lugar apto, y allí la deja o la entrega a los ministros para que la sostengan, después que han dejado los cirios a ambos lados de la cruz.

Invitación para mostrar la santa Cruz:

℣. Este es el árbol de la Cruz,
donde estuvo suspendida
la salvación del mundo

℟. Vengan y adoremos.

El sacerdote, los ministros y los fieles se acercan procesionalmente y reverencian la cruz mediante una genuflexión simple o con algún otro signo adecuado, por ejemplo, besando la cruz, según las costumbres del lugar. Mientras tanto se canta la antífona: "Señor, adoramos tu cruz", los "Improperios" u otro canto adecuado. Los que ya han adorado la cruz regresan a sus lugares y se sientan. También, si pastoralmente parece oportuno, puede cantarse, ya casi al final de la adoración de la cruz, el himno *Stabat Mater* o algún otro canto alusivo a los dolores de la Santísima Virgen.

➤ La *Comunión*.

Para el momento de la comunión hay una preparación previa con el rezo del Padrenuestro y su embolismo. No se canta el Cordero de Dios porque no hay fracción del pan.

Durante la comunión se puede cantar el Salmo 22 (21) u otros cantos apropiados.

Terminada la distribución de la comunión, tiene lugar la oración después de la comunión. Para despedir al pueblo, el sacerdote, de pie, mirando hacia el pueblo y con las manos extendidas sobre él, dice la oración de bendición y todos se retiran en silencio.

3. Sábado santo.

Durante este día la Iglesia permanece junto al sepulcro del Señor, meditando su Pasión y su Muerte y se abstiene de celebrar el sacrificio de la Misa, manteniendo desnuda la sagrada mesa hasta que, después de la solemne Vigilia o espera nocturna de la Resurrección, dé lugar a la alegría pascual cuya plenitud extenderá a lo largo de cincuenta días.

g) Pascua

El tiempo pascual se inicia con la Vigilia de Pascua. Según antiquísima tradición, ésta es una noche de vela en honor del Señor (Ex 12,42). Los fieles, tal como lo recomienda el Evangelio (Lc. 12,35-37), deben asemejarse a los criados que, con las lámparas encendidas en sus manos, esperan el retorno de su señor, para que cuando llegue les encuentre en vela y los invite a sentarse a su mesa.

La celebración de esta Vigilia, que es la más noble entre todas las solemnidades, se desarrolla de la siguiente manera: después de un breve lucernario o Liturgia de la luz (primera parte de la Vigilia), la santa Iglesia, confiando en las palabras del Señor, medita y contempla las maravillas que Dios, desde siempre, realizó por su pueblo (segunda parte de la Vigilia o Liturgia de la Palabra) hasta que, al acercarse el día de la resurrección y acompañada ya de sus nuevos hijos renacidos en el bautismo (tercera parte de la Vigilia o Liturgia bautismal), es invitada a la mesa que el Señor, por medio de su muerte y resurrección, ha preparado para su pueblo (cuarta parte de la Vigilia o Liturgia eucarística).

Primera Parte: Lucernario

Para el lucernario, primero se bendice el fuego y luego se prepara y enciende el cirio pascual. Se inicia la procesión, quien lleva el cirio, antes de caminar, lo mantiene elevado y por tres veces canta él solo:

℣. Luz de Cristo.

A lo que los demás responden:

℟. Demos gracias a Dios

Al llegar la procesión, y todos los fieles en su lugar, se tiene el canto del Pregón Pascual.

Segunda parte: Liturgia de la Palabra

Se apagan los cirios y mientras tanto, en penumbras, se tienen las nueve lecturas propuestas: siete del Antiguo Testamento y dos del Nuevo Testamento (epístola y evangelio). Cada lectura con su salmo o cántico correspondiente, terminado el cual, todos de pie, el sacerdote concluye con una oración.

1. La creación: Gen. 1,1-2,2 ó 1,26-31a

        Salmo 103, 1-2a. 5-6. 10 y 12. 13-14ab. 24 y 35c (R.: cf. 30)

        Salmo 32, 4-5. 6-7. 12-13. 20 y 22 (R.: 5b)

2. El sacrificio de Abrahán. Gen 22, 1-18 ó 22, 1-2.9a.10-13.15-18
        Salmo 15, 5 y 8. 9-10. 11 (R.: 1)
3. Paso del mar Rojo. Ex 14,15-15,1
        Ex 15, 1b-2. 3-4. 5-6. 17-18 (R.: 1b)
4. La nueva Jerusalén. Is. 54, 5-14
        Salmo 29, 2 y 4. 5-6. 11-12a y 13b (R.: 2a)
5. La salvación gratuitamente ofrecida a todos. Is. 55, 1-11
        Is 12, 2-3. 4bcd. 5-6 (R.: 3)
6. La fuente de la sabiduría. Bar. 3, 9-15.31-4,4
        Salmo 18, 8. 9. 10. 11 (R.: Jn 6, 68c)
7. Corazón nuevo y espíritu nuevo. Ez. 36, 16-28
        Salmo 41, 3. 5bcd; 42, 3. 4 (R.: 41, 2)
        Salmo 50, 12-13. 14-15. 18-19 (R.: 12a)

Después de la última lectura del Antiguo Testamento con su salmo responsorial y la correspondiente oración, estando todos de pie, se encienden los cirios del altar y se ilumina de manera completa el templo, mientras el sacerdote entona el Gloria, que todos prosiguen; mientras tanto, de acuerdo con las costumbres del lugar, se tocan las campanas. Terminado el Gloria, el sacerdote dice la oración colecta, del modo acostumbrado.

8. Cristo, después de resucitar, no muere más. Romanos 6, 3-11
        Salmo 117, 1-2. 16-17. 22-23
9. Evangelio
        Ciclo A - Mateo 28,1-10
        Ciclo B - Marcos 16, 1-8
        Ciclo C - Lucas 24,1-12

Tercera parte: Liturgia bautismal

Si hay bautizo, se acercan los que van a ser bautizados a la pila bautismal, y se cantan las letanías de los santos (mientras todos están de pie, por ser ya tiempo pascual) y se bendice el agua bautismal.

Los elegidos hacen la renuncia, reciben la unción con el óleo de los catecúmenos y la profesión de fe, tras la cual tiene lugar la celebración del bautismo.

A continuación, se realiza la unción postbautismal con el Santo Crisma, a no ser que luego se confiera a los neófitos el sacramento de la Confirmación. Reciben su vestidura blanca y el cirio encendido.

Si hay Confirmación, entonces el sacerdote se dirige a los neófitos y pronuncia sobre ellos la oración de consagración y los unge con el santo crisma. Durante la unción se puede entonar un canto adecuado.

Concluido el rito del Bautismo (y de la Confirmación), la asamblea renueva las promesas bautismales permaneciendo de pie y habiendo encendido nuevamente los cirios con la luz del Cirio pascual. Luego, entre cantos de índole bautismal, la asamblea es rociada con el agua bendita. Omitido el Credo, esta parte concluye con la oración universal.

Si no hay bautizos, se cantan las letanías (de pie) y se bendice el agua. La asamblea hace la renuncia y profesión de fe, tras la cual, entre cantos de índole bautismal, es rociada con el agua bendita. Omitido el Credo, esta parte concluye con la oración universal.

Cuarta parte: Liturgia de la Eucaristía

El sacerdote se acerca al altar y comienza la liturgia eucarística de la manera acostumbrada. Se tiene el canto de preparación de ofrendas, el Santo y todo lo demás como de costumbre.

Concluidos los ritos de comunión, la asamblea se despide con:

℣. Pueden ir en paz, aleluya, aleluya.

℞. Demos gracias a Dios, aleluya, aleluya.

que volverán a escuchar el día de Pentecostés.

Domingo de Pascua o de Resurrección

Este día es el Domingo que da sentido a todos los domingos del año. Es el día del triunfo del Señor.

El Cirio Pascual permanecerá en el presbiterio durante todas las celebraciones litúrgicas del tiempo pascual hasta Pentecostés, simbolizando la presencia de Cristo Resucitado en medio de la asamblea.

Las lecturas bíblicas de este día contienen lo esencial del mensaje cristiano, o lo que, conocido como kerigma, es decir, la proclamación novedosa del acontecimiento pascual y un llamado a vivir los compromisos con Cristo resucitado.

Las lecturas de ese día son:

1. Comimos y bebimos con él, después de su resurrección. Hechos 10, 34a. 37-43

Salmo 117, l-2.16ab-17.22-23 (R.: 24)

2. Buscad los bienes del cielo, donde está Cristo. Colosenses 3, 1-4

Secuencia

3. Él debía resucitar de entre los muertos. Juan 20, 1-9

Nótese que la secuencia se debe cantar. Hablaremos de ella más adelante.

h) Pentecostés.

No hay que olvidar que se trata de una fiesta de origen judío. El relato que tenemos en Hechos de los Apóstoles no trata de la "fundación" de la fiesta sino del acontecimiento que allí sucedió el día de Pentecostés. Por eso, ambas fiestas, la judía y la cristiana coinciden ese día.

Pentecostés, viene del griego, *pentekostós*, y significa el "quincuagésimo". A los 50 días de la Pascua, los judíos celebran la fiesta de la cosecha o de las siete semanas (Ex 34,22), esta fiesta en un principio fue agrícola, pero se convirtió después en recuerdo de la Alianza del Sinaí (donación de la Ley).

Al principio los cristianos no celebraban esta fiesta. Las primeras alusiones a su celebración se encuentran en escritos de San Irineo, Tertuliano y Orígenes, a fin del siglo II y principio del III. Ya en el siglo IV hay testimonios de que, en las grandes Iglesias de Constantinopla, Roma y Milán, así como en la Península Ibérica, se festejaba el último día de la cincuentena pascual.

Con el tiempo se le fue dando mayor importancia a este día, teniendo presente el acontecimiento histórico de la venida del Espíritu Santo sobre María y los Apóstoles (Cf. Hch 2). Gradualmente, se fue formando una fiesta, para la que se preparaban con ayuno y una vigilia solemne, algo parecido a la Pascua. Se utiliza el color rojo para el altar y las vestiduras del sacerdote; simboliza el fuego del Espíritu Santo.

Originalmente, los cristianos celebraban la ascensión del Cristo al Padre y la efusión del Espíritu Santo. Actualmente, la fiesta de la Ascensión se ha separado y el Pentecostés cristiano se centra más en el don escatológico del Espíritu y la apertura de la Iglesia a nuevos pueblos.

Pentecostés es, pues, fiesta pascual y fiesta del Espíritu Santo. La Iglesia sabe que nace en la Resurrección de Cristo, pero se confirma con la venida del Espíritu Santo. Es hasta entonces, que los Apóstoles acaban de comprender para qué fueron convocados por Jesús; para qué fueron preparados durante esos tres años de convivencia íntima con Él.

La solemnidad de Pentecostés es como el "aniversario-cumpleaños" de la Iglesia. El Espíritu Santo descendió sobre aquella comunidad naciente y temerosa, infundiendo sus siete dones, dándoles el valor necesario para anunciar la Buena Nueva de Jesús; para preservarlos en la verdad, como Jesús lo había prometido (Jn 14, 15); y disponerlos a ser sus testigos; para ir, bautizar y enseñar a todas las naciones.

Pentecostés tiene una celebración en forma de vigilia. Las lecturas son más variadas que la misa del día. Si es el caso de celebrarse la noche del sábado anterior al día de Pentecostés la misa en forma de vigilia, lo mejor es ponerse en contacto con el presidente de la celebración para coordinar.

i) Segundo bloque del Tiempo ordinario

El tiempo ordinario comprende treinta y cuatro o treinta y tres semanas. El primer bloque comienza el lunes siguiente al domingo después del 6 de enero y continúa hasta el comienzo de la Cuaresma, el martes anterior al miércoles de Ceniza. El segundo bloque comienza nuevamente el lunes después del domingo de Pentecostés y termina el sábado anterior al primer domingo de Adviento.

Como prolongación de las fiestas anteriormente celebrada, al inicio de este segundo bloque del tiempo ordinario se tienen las siguientes solemnidades o fiestas:

1. Solemnidad de la santísima Trinidad – Domingo después de Pentecostés.
2. Solemnidad del Cuerpo y Sangre de Cristo – Domingo después de la Santísima Trinidad
3. Solemnidad del Sagrado Corazón – Viernes siguiente al segundo

domingo después de Pentecostés.

4.   Solemnidad de Cristo Rey – Último domingo del tiempo ordinario.

En los domingos del tiempo ordinario se canta o se dice el Gloria y se dice el Credo, pero se omiten en las ferias.

Las Secuencias

En el Tiempo Pascual tenemos dos secuencias, la del domingo de Pascua y la de Pentecostés.

En el Misal de san Pío V había varias fiestas y ocasiones en que se incluían estos himnos poéticos llamados *"secuencias"*, para ser cantados o recitados antes del Evangelio. Uno de los más famosos era el *Dies irae* de los funerales.

La secuencia (de *sequentia* = proseguir) es un canto poético o prosa rimada que se canta antes del evangelio, después de la segunda lectura, en algunas solemnidades. Esta composición litúrgico-musical precede al «*alleluia*». Nace en el siglo V, cuando comenzó a amplificarse musicalmente la a final del «*alleluia*».

Por su carácter festivo, estas amplificaciones se denominaron júbilos. Posteriormente, en el siglo IX, comenzaron a llamarse secuencias, por ser una continuación del «*alleluia*».

Las rúbricas del Misal tridentino prescribían que la secuencia se cantara después del gradual y del aleluya (con su versículo), pero antes de la repetición del aleluya. Este papel de la secuencia como un himno de meditación después del gradual hizo que se cantara sentados, y no como preparación al Evangelio, porque entonces debería cantarse de pie.

El Misal y el Leccionario actuales han conservado sólo dos secuencias como obligatorias: la del domingo de Pascua (*Victimae Paschali laudes*) y la de Pentecostés (*Veni, Sancte Spiritus*), como dice escuetamente la introducción al Misal (Cfr. IGMR, 64): «La Secuencia, que sólo es obligatoria los días de Pascua y de Pentecostés, se canta antes del Aleluya». Las secuencias de la fiesta del Corpus (*Lauda, Sion, Salvatorem*) y de Nuestra Señora de los Dolores (*Stabat Mater dolorosa*) han quedado como opcionales.

7. EL CANTO EN OTRAS CELEBRACIONES DE LA IGLESIA

Es una pena la pobreza litúrgica de nuestro que a todo lo que hace el sacerdote le llama "misa". Por eso es muy frecuente oír pedir una misa para el bautismo, la presentación, etc.

Cada sacramento que se celebra en la Iglesia tiene una estructura propia y un ritual particular. Algunos, semejante a la estructura de la misa, pues en todos ellos hay Liturgia de la Palabra, aunque en otras difieren esencialmente.

Vamos a repasar los sacramentos más frecuentes en nuestras comunidades y su relación con el canto de la asamblea.

El Bautismo

No debería en modo alguno haber un "canto de entrada", pues la celebración se inicia con un diálogo entre el celebrante, los padres y los padrinos.

En el caso de que la celebración del bautismo se inicie en el atrio o pórtico del templo parroquial, puede haber un canto bautismal y procesional al mismo tiempo.

Se podría tener un canto, siempre y cuando resalte el sentido de unida de la asamblea, mientras se hace la signación de la cruz en la frente de los bautizandos.

Dentro de la liturgia de la Palabra puede cantarse el salmo responsorial y el aleluya antes del Evangelio.

Terminada la homilía y la oración de los fieles, se podría cantar la letanía de los santos. Lo mismo que durante la unción con el óleo de los catecúmenos, alguna canción sobre el compromiso del cristiano.

Mientras se camina para la fuente bautismal, para la bendición del agua, puede haber un canto de invocación al Espíritu Santo.

Lo mismo que durante el bautismo propiamente dicho, algún canto bautismal.

Al final, podría cantarse una breve aclamación breve. O, si parece oportuno, algún canto popular a la Virgen.

La Confirmación

Como generalmente se celebra dentro de la misa, sólo habría que tener presente preparar cantos para el momento de la crismación.

Puede ser que, tras la renovación de las promesas bautismales, el obispo realice la aspersión con agua bendita. Por lo tanto, conviene tener preparado un canto bautismal para la ocasión.

Durante la crismación, úsese cantos de invocación al Espíritu (es conveniente, sin embargo, que en las dos o tres primeras crismaciones no se cante, para oír las palabras rituales del obispo).

El Matrimonio

Los cantos deben escogerse como se escogen en general para la celebración eucarística, evitando utilizar criterios que desnaturalicen la celebración. En algunas ocasiones se lleva al templo pequeños conciertos de organistas, solistas o corales, sin preocuparse para nada por la participación de la asamblea.

Hay que incluir en la ceremonia de bodas un canto regularmente ignorado. Hay una pequeña aclamación al momento en que los nuevos esposos han intercambiado el "Sí" el uno al otro.

Los coros, en la medida de lo posible, deben convencer a los novios a no usar las llamadas "Marchas Nupciales" para la ceremonia religiosa. ¿A quién se le ocurriría iniciar su boda en el templo cantando "Estoy en el rincón de una cantina"? La famosa "Marcha Nupcial" de Mendelssohn es la parte de la musicalización de la comedia "Sueño de una Noche de Verano", de William Shakespeare. La ignorancia, en este caso, no es excusa.

Las Exequias

También en las exequias se hace conveniente el canto. Tanto si se trata de exequias celebradas según todas las posibilidades previstas en el ritual, como si se trata de la forma más simplificada en la iglesia.

La nueva edición del ritual propone varios esquemas de celebración con canto. De una manera especial resalta los salmos procesionales 113 y 117, que dan el tono pascual que corresponde a la muerte del cristiano.

Un elemento importante a la hora de ver lo que se canta en una celebración exequial será que los cantos escogidos sean adecuados a la asamblea que se ha congregado en aquella celebración: cantos conocidos y fáciles de cantar (no es momento para ensayos), cantos adecuados al tipo de sentimientos que se viven (según se viva más intensamente el dolor, o por el contrario se trate de una muerte más esperada y en la que se pueda destacar más el gozo de la resurrección, deberá escogerse el estilo de los cantos, e incluso su cantidad: si el dolor es muy fuerte, no resulta adecuado llenar la celebración de aleluya, ni lo es tampoco cantar mucho).

Un rito especialmente destacable en la celebración exequial es el rito de despedida, tanto si las exequias se celebran con Eucaristía como sin ella. Este rito, que quizá no ha arraigado todavía todo lo que hubiera sido de desear, tiene como momento central, precisamente, un canto de despedida al difunto, en la esperanza de la resurrección, que la asamblea canta mientras se asperja e inciensa el ataúd.

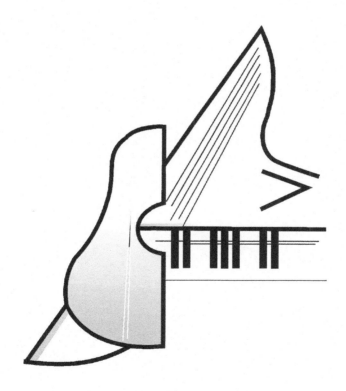

8. A MODO DE CONCLUSIÓN

El afán de novedad, la última canción, la moda… no convienen en la liturgia. La naturaleza del pueblo es muy particular y la experiencia muestra lo lenta que es la asamblea para asimilar. Lentísima para aprender nuevas cosas. Al mismo tiempo se puede ver que cuando algo se ha afianzado en la comunidad es muy difícil quitarlo. Esto vale tanto para lo bueno, pues hay canciones que han penetrado enormemente dentro del sentir del pueblo, pero es también un poco peligros pues cuando se mal aprende algo es muy difícil corregir. Así pasa con el «ruega por nosotros, "los" pecadores» del Ave María y está empezando a suceder con el «líbramos de[l] "todo" mal» del Padrenuestro.

Asimilar una canción y explotar toda su riqueza es un proceso tal vez no solamente de años sino de siglos. Por eso hay canciones que no podemos cantar porque necesitamos tener la partitura delante, y hay otras canciones que han llegado a calar profundamente. Baste como muestra la producción musical de Cesáreo Gabaráin. De cientos de sus canciones no hay una que haya calado más profundo que "*Pescador de Hombres*".

De toda la producción de música católica que tenemos en estos días, mucha de ella sirve para distintas situaciones: reuniones, catequesis, encuentros… Pero no todas sirven para la liturgia.

Un craso error a evitar es considerar que todas las celebraciones son lo mismo, una simple repetición de lo que anteriormente se hizo. Como también introducir constantemente cosas nuevas en la celebración sin permitir que la asamblea las llegue a asimilar debidamente.

Hay que asumir la tarea, largamente ignorada, de revalorar el canto en nuestras asambleas eucarísticas de manera que exprese la participación de la comunidad en la liturgia. Mientras no logremos ese objetivo estaremos haciendo un mal servicio.

Respetos humanos no deberían impedir indicar a la asamblea el número de la canción que se va a cantar. O simplemente poder ensayarla unos minutos cuando la ocasión se presta.

Sería ideal que la asamblea contara con alguien que realizara el servicio de dirigir el canto de la misma indicándole cuándo y cómo cantar. Así, como de ordinario, el salmista levanta la mano para provocar la respuesta de la asamblea, también alguien, de la misma manera, debería animar la participación de la asamblea en el canto.

9. BREVE CANCIONERO COMPLEMENTARIO

En muchas comunidades se nota que faltan algunas canciones para los servicios de la comunidad, especialmente, durante la Semana Santa. Estas canciones son sencillas y pueden ayudar a enriquecer el repertorio de cantos.

Ricardo Cantalapiedra compuso estas canciones en los años 70 y muy pronto fueron aprendidas en muchas comunidades. Su producción artística fue muy limitada. Hoy sus canciones se pueden encontrar en la Internet.

Use su teléfono celular, Smartphone, y en la tienda de aplicaciones busque un lector de códigos QR. Al escanear el código le llevará a un video con la música de la canción.

Canciones tomadas de las producciones «*Salmos de Muerte y Gloria*», «*El Profeta*» y «*Mis Canciones*»

1. Hosanna

(*Domingo de Ramos*) Texto Bíblico: Mt. 21, 9. 15. Mc. 11, 9-10; Jn. 12, 13).

¡Hosanna al Hijo de David!
¡Hosanna al Hijo de David!
¡Bendito el que viene en nombre del Señor!
¡En nombre del Señor!
¡Hosanna al Hijo de David!
¡Hosanna al Hijo de David!

Del Señor es la tierra y cuanto la llena
La fundó sobre los mares la afianzo sobre los ríos
¿Quién puede subir al monte del Señor?

¡Hosanna al Hijo de David!
¡Hosanna al Hijo de David!

2. ¿Por qué nos has abandonado?

(Domingo de Ramos, Viernes Santo) Texto Bíblico: Salmo 21

¡Oh Dios!, ¿Por qué nos has abandonado? (bis)

Al vernos nos maltratan, gritan a nuestro lado.
Si esperaron en Dios, que Él les ponga a salvo.

Los grandes nos acechan, sujetan nuestras manos.
Señor, no quedes lejos y ven pronto a ayudarnos.

Te busco y no respondes, día y noche te llamo.
Malvados me acometen, se burlan de mi llanto.

Mis huesos se dislocan, la muerte está llamando.
Señor, ven a ayudarme, me tienes en tus manos.

3. El mandato

(Jueves Santo) Texto Bíblico: Jn. 13, 34.

Os doy un mandato nuevo,
os doy un mandato nuevo;
que os améis, que os améis,
que os améis, que os améis,
como yo os he amado.

4. Donde hay amor

(Jueves Santo)

Donde hay amor, ahí está Dios. (bis)

Jesús nos ha reunido, amémonos hermanos,
miremos al Señor que marcha a nuestro lado.

Que cesen ya las guerras, que cese ya el dolor,
que en medio de nosotros esté Cristo el Señor.
¡Cristo el Señor!

Jesús nos ha reunido, ahora sólo formamos
un solo corazón, amémonos, hermanos.

Acaben ya rencores, que no haya división;
que en medio de nosotros esté Cristo el Señor.

¡Cristo el Señor!

Cantemos al Dios vivo, unamos nuestras manos,
pidamos al Señor que un día le veamos.

5. A Ti encomiendo mi vida

(*Viernes Santo*) Texto Bíblico: Salmo 30

Padre, a ti encomiendo mi vida.

A Ti, Señor, yo me acojo, ¡Padre!
que no quede confundido, ¡Padre!
mis enemigos se burlan ¡Padre!
y me olvidan los amigos.
Estoy solo en mi tristeza ¡Padre!
y ya no tengo cobijo, ¡Padre!
pero me pongo en tus manos, ¡Padre!
y no seré confundido.

En Ti yo busco el refugio, ¡Padre!
a Ti mis males confío, ¡Padre!
mi vida pasa en tristezas ¡Padre!
y mi espíritu en peligros.

Señor, eres Tú mi fuerza, ¡Padre!
Tú me enseñas el camino, ¡Padre!
Líbrame, Dios de mis padres, ¡Padre!
de la red que me han tendido.

6. Me refugio en Ti

(*Viernes Santo*) Texto Bíblico: Salmo 15

Protégeme, Dios mío, me refugio en ti. (bis)

El Señor es mi heredad, ¡Me refugio en Ti!
Conmigo va el Señor, ¡Me refugio en Ti!

Mi suerte está en su mano, ¡Me refugio en Ti!
Siempre tengo al Señor, ¡Me refugio en Ti!

Con El caminaré, ¡Me refugio en Ti!
Con El no moriré, ¡Me refugio en Ti!

Se alegra el corazón, ¡Me refugio en Ti!
Conmigo va el Señor, ¡Me refugio en Ti!

Me enseñas el camino, ¡Me refugio en Ti!
Nunca me dejarás, ¡Me refugio en Ti!

Cantemos al Señor, ¡Me refugio en Ti!
Él es nuestra heredad, ¡Me refugio en Ti!

7. Adoración de la Cruz
(*Viernes Santo*)

Tu cruz adoramos, Señor,
y tu Santa Resurrección glorificamos (bis).

Por el madero (bis)
ha venido la alegría al mundo entero (bis).

El Señor tenga piedad y nos bendiga,
ilumine su rostro sobre nosotros (bis).

Tu cruz adoramos, Señor,
y tu Santa Resurrección glorificamos (bis).

Por el madero (bis)
ha venido la alegría al mundo entero (bis).

8. Alabad el nombre de Yahvé
(*Pascua*) Texto Bíblico: Salmo 113

¡Aleluya!
Alabad servidores de Yahvé
Alabad el nombre de Yahvé.
¡Aleluya!
Bendito sea el nombre de Yahvé
Desde ahora y por siempre.
¡Aleluya!

Exaltado sobre todas las naciones ¡Yahvé!
su gloria por encima de los cielos. ¡Yahvé!
¿Quién como Yahvé nuestro Dios
que se sienta en las alturas
y baja para ver los cielos y la tierra? ¡Aleluya!

El levanta del polvo al afligido ¡Yahvé!
del estiércol hace surgir al pobre ¡Yahvé!
para sentarle con los príncipes.
El asienta a la estéril
en su casa madre de hijos jubilosos. ¡Aleluya!

9. Pueblo mío

(*Viernes Santo, Improperios, Adoración de la Cruz*)

Pueblo mío, ¿qué te he hecho?,
¿En qué te he ofendido? ¡Respóndeme!

Yo te saqué de Egipto,
y por cuarenta años te guie en el desierto;
tú hiciste una cruz para tu Salvador.

Yo te libré del mar,
te di a beber el agua que manaba de la roca;
tú hiciste una cruz para tu Salvador.

Yo te llevé a tu tierra,
por ti vencí a los reyes de los pueblos cananeos;
tú hiciste una cruz para tu Salvador.

Yo te hice poderoso,
estando yo a tu lado derroté a los enemigos;
tú hiciste una cruz para tu Salvador.

10. Te ensalzaré, Señor, porque me has librado

(*Semana Santa*) Texto Bíblico: Salmo 29

Te ensalzaré, Señor, porque me has librado (bis)

Venciste a los enemigos
has salvado a mis hermanos
nos sacaste de la muerte
nos libraste de sus manos.

Cantad, hermanos, al Señor
pregonad su nombre santo
ha librado a nuestro pueblo
nos tiene bajo su manto.

Ten piedad de mí, Señor,
y socórreme en mi llanto
te daré gracias por siempre
nunca me has abandonado.

Corto es tu enojo, Señor,
tu favor dura por siempre
por la tarde vienen lágrimas
y al alba nos alegramos.

Cuando tengo paz, yo digo:
"Siempre miraré tu mano",
mas apartas de mí el rostro
y ya quedo conturbado.

11. Canto del Siervo de Yahvé

(*Domingo de Ramos, Viernes Santo*) Texto Bíblico: Isaías 53, 3-12.

Con su muerte nos justificará
Y nuestras culpas soportará. (bis)

Despreciable, desecho de hombres,
varón de dolores, colmado de injurias.
Son nuestras dolencias las que él llevaba,
y nuestros dolores los que soportaba.

Él fue herido por nuestros pecados,
murió por nosotros, desecho de hombres.
Con sus sufrimientos seremos salvados,
y con sus dolores seremos curados.

Fue arrancado de entre los mortales,
entregado a la muerte en vez de nosotros.
Son nuestras dolencias las que él llevaba,
y nuestros dolores los que soportaba.

Por haberse ofrecido a sí mismo
tendrá descendencia, sus días serán largos.
Con sus sufrimientos seremos salvados,
y con sus dolores seremos curados.

12. Salmo 117

(*Pascua*)

¡Aleluya!, ¡Aleluya!, ¡Aleluya!

Dad todos gracias al Señor,
porque es eterna su bondad,
diga la casa de Israel,
porque es eterna su bondad.

No he de morir, yo viviré,
para cantar siempre al Señor.
No he de morir, yo viviré,
porque es eterna su bondad.

Hace proezas el Señor,
su diestra no nos faltará,
diga la casa de Aarón,
porque es eterna su bondad.

Este es el día del Señor,
su diestra siempre vencerá,
cantemos todos al Señor,
porque es eterna su bondad.

13. Canto de Gloria

(*Pascua*)

Aleluya. Aleluya,
Aleluya, Aleluya.

Resucitó el Señor, ¡Aleluya!
venció a la muerte ya, ¡Aleluya!
y le reconocimos al partir el pan.

Gritad en Galilea, ¡Aleluya!
resucitó el Señor, ¡Aleluya!
gritad por todo el mundo que el Señor venció.

Este es un día grande, ¡Aleluya!
el día del Señor, ¡Aleluya!
venciendo él a la muerte, a todos nos salvó.

Alégrense los cielos, ¡Aleluya!
alégrese la tierra, ¡Aleluya!
y cante la victoria del que nos salvó.

Que cante nuestro pueblo, ¡Aleluya!
la gloria del Señor, ¡Aleluya!
Jesús venció a la muerte, es nuestro salvador.

14. ¿Dónde están los Profetas?
(*Viernes Santo, Domingo de Ramos*)

¿En dónde están los profetas
que en otros tiempos nos dieron
las esperanzas y fuerzas
para andar, para andar?

En las ciudades, en los campos,
Y entre nosotros están. (bis)
En la ciudad, donde están.
En el mar, en donde están.
En la ciudad, donde están, donde están.

Sencilla cosa es la muerte,
difícil cosa la vida
cuando no tiene sentido ya luchar.

Nos enseñaron las normas
para poder soportarnos,
y nunca nos enseñaron a amar.

15. En lo alto
(*Pascua*)

En lo alto se oyó una voz.
Y un hombre peregrino
Recorrió nuestra tierra
Y hablaba a las gentes
Les hablaba al corazón

Nunca supimos su lugar de origen
Solamente presentimos
La brisa nueva y virgen
De un ser que nos quería de verdad

Ya no está el peregrino
Dicen que lo mataron
Pasaron muchos siglos
Pasaron muchos años
Nos ha ido mal a todos
Cortas las alegrías
Muy largos los dolores
y desgracias

Muy pocas las verdades
Y muchas las mentiras y falacias

Sin embargo, no ha muerto el peregrino
Está allí donde se sufre y se pregunta
Y siempre que se le busca, se le encuentra.

16. Queremos a un hombre
(*Semana Santa*)

No queremos a los grandes palabreros.
Queremos a un hombre
que se embarre con nosotros,
que llore con nosotros,
que ría con nosotros,
que beba con nosotros
el vino en la taberna,
que coma en nuestra mesa,
que tenga orgullo y rabia,
que tenga corazón y fortaleza.
Los otros no interesan,
los otros no interesan,
los otros no interesan.

No queremos a engañosos pregoneros.
Queremos a un hombre que se acerque a nosotros,
que luche con nosotros, que cante con nosotros,
que beba con nosotros el vino en la taberna,
que sepa nuestras penas, que tenga orgullo y rabia,
que tenga corazón y fortaleza.
Los otros no interesan,
los otros no interesan,
los otros no interesan. (bis)

17. Canción para no matar
(*Viernes Santo*)

Quiero vivir en el llano,
o en el monte o en la cueva,
o en la ciudad o en el campo,
o peregrino entre las selvas.

Yo quiero vivir, hermano (bis)

Quiero vivir, aunque tenga
que prescindir de los pájaros,
de las flores, de los vientos,
de la lluvia, del verano.

Quise vivir, no pudrirme
entre chacales humanos,
entre sucios negociantes,
y ladrones refinados.

Quiero vivir, sin embargo,
muchas noches grito al cielo,
grito que me estoy ahogando
y el cielo sabe mi llanto.

Quiero vivir, mas presiento
que esto tendrá fin cercano.
La madrugada y el viento,
me llevarán de la mano.

Voy a morir, mas espero
la llegada de un hermano
que nos saque de la fosa
y cure nuestros quebrantos.

18. Marana-tha
(*Adviento*)

¡Marana-Tha! (ter)

A dónde irán nuestras vidas,
a dónde irán nuestras penas,
en dónde está la alegría, ¡ay!

en dónde la primavera,
a dónde irán nuestras vidas, ¡ay!
si un Salvador no nos llega, ¡eh!

Qué será de nuestros hijos,
qué será de nuestra tierra,
qué será de los que sufren, ¡ay!
qué será de los que esperan,
qué será de nuestros hijos, ¡ay!
si un Salvador no nos llega, ¡eh!

Para qué tantas palabras,
para qué tantas promesas,
quién cambiará nuestra suerte, ¡ay!
quién pondrá luz en las sendas,
para qué tantas palabras, ¡ay!
si un Salvador no nos llega, ¡eh!

Está acabando la noche,
y un nuevo día se acerca,
vuelve a nacer la esperanza, ¡ay!
y se apaga la tristeza,
y las estrellas nos dicen, ¡ay!
que el Salvador ya está cerca, ¡eh!

19. El Peregrino
(*Uso general*)

Un día por las mañanas
apareció un peregrino (bis).
Se fue acercando a las gentes
acariciando a los niños (bis).

Iba diciendo por los caminos:
¡Amigo soy, soy amigo!

Sus manos no empuñan armas,
sus palabras son de vida (bis).
Y llora con los que lloran
y comparte la alegría (bis).

Reparte el pan con los hombres,
a nadie niega su vino (bis).

Y está junto a los que buscan,
y consuela a los mendigos (bis).

Y los hombres que lo vieron
contaban a sus vecinos (bis).
Hay un hombre por las calles
que quiere ser nuestro amigo (bis).
Hay un hombre por las calles
que lleva la paz consigo (bis).

20. Malaventuranzas
(*Viernes Santo*)

Malditos los santones de pureza: ¡malditos!
Malditos los que obligan a los hombres
a vivir como perros: ¡malditos!
Malditos los que hacen
sufrir a los pequeños: ¡malditos, malditos!

Malditos los que matan a inocentes: ¡malditos!
Malditos los que callan las infamias: ¡malditos!
Malditos los que causan las desgracias: ¡malditos, malditos!

Malditos los que han hecho del amor,
flor de las madrugadas: ¡malditos!
Malditos los que hicieron de la vida
paisaje de la muerte: ¡malditos!
Maldito el asesino de las flores: ¡maldito!
Maldito el asesino de ilusiones: ¡maldito, maldito!
Malaventurados los que piden justicia
con las manos manchadas en sangre.
Malaventurados los que claman justicia
y oprimen al hermano: ¡malditos, malditos!

21. Equívocos
(*Uso general*)

Donde tú dices ley:
-- yo digo Dios, yo digo Dios.
Donde tú dices paz, justicia y amor:
--yo digo Dios, yo digo Dios.

Donde tú dices Dios:

-- yo digo libertad, justicia y amor;
-- yo digo libertad, justicia y amor.

Donde tú dices ley:
-- yo digo Dios, yo digo Dios.
Donde tú dices paz, justicia y amor:
-- yo digo Dios, yo digo Dios.

Donde tú dices Dios:
-- yo digo libertad, justicia y amor,
-- yo digo libertad, justicia y amor.

22. El Profeta
(*Viernes Santo*)

Le mataron un día de madrugada,
cuando los hombres duermen
cuando los gallos cantan.
Le mataron un día de madrugada

Machacaron sus huesos una mañana,
repartieron sus ropas sortearon su capa.
Le mataron un día de madrugada

Por todos los caminos su voz gritaba:
las verdades que hieren, las verdades que salvan.
Le mataron un día de madrugada

Le ofrecieron dineros y vida holgada
por ocultar mentiras por inventar palabras.
Le mataron un día de madrugada

El mundo no perdona a quien no engaña.
Arrasaron su casa le dejaron sin nada.
Le mataron un día de madrugada

Pero su voz resuena por las montañas
Seguiremos cantando, seguiremos soñando
Seguiremos viviendo con su Palabra.
Seguiremos cantando, seguiremos soñando
Seguiremos viviendo con su Palabra.

23. La casa de mi amigo

(*Iglesia, Viernes Santo, Domingo de Ramos*)

La casa de mi amigo no era grande
su casa era pequeña.
En casa de mi amigo había alegría
y flores en la puerta.
A todos ayudaba en sus trabajos
sus obras eran rectas.
Mi amigo nunca quiso mal a nadie
llevaba nuestras penas (bis).

Mi amigo nunca tuvo nada suyo
sus cosas eran nuestras.
La hacienda de mi amigo era la vida
amor era su hacienda.
Algunos no quisieron a mi amigo
le echaron de la tierra.
Su ausencia la lloraron los humildes
penosa fue su ausencia (bis).

La casa de mi amigo se hizo grande
y entraba gente en ella.
En casa de mi amigo
entraron leyes y normas y condenas.
La casa se llenó de comediantes,
de gente de la feria.
La casa se llenó de negociantes
corrieron las monedas (bis).

La casa de mi amigo está muy limpia
pero hace frío en ella.
Ya no canta el canario en la mañana
ni hay flores en la puerta.
Y han hecho de la casa de mi amigo
una oscura caverna,
donde nadie se quiere ni se ayuda,
donde no hay primavera (bis).

Nos fuimos de la casa de mi amigo
en busca de sus huellas.
Y ya estamos viviendo en otra casa,
una casa pequeña,

donde se come el pan y bebe el vino
sin leyes ni comedias.
Y ya hemos encontrado a nuestro amigo
y seguimos sus huellas (bis).

24. Volveré a cantar
(*Difuntos, Viernes Santo*)

Yo volveré a cantar
el amor y la esperanza,
Yo volveré a cantar
los caminos de la paz.

Cuando los fríos se acerquen las flores se morirán,
pero con la primavera de nuevo renacerán.
Quizá me veas llorar cuando un amigo se va.
La muerte lleva a los míos, pero sé que volverán.

Quizá me veas sufriendo por amor a los demás.
Quizá me veas gritando: «que el pobre no tiene pan».
La cárcel no es mi morada, las rejas se romperán.
Si fuertes son las cadenas, más fuerte es nuestro luchar.

Quizá me veas morir, quizá me veas marchar,
No llores si eres mi amigo, me volverás a encontrar.
No sé ni cómo ni cuándo, pero será en un lugar
en donde no haya cadenas y en donde pueda cantar.

25. Hombre de barro
(*Uso general*)

¿Cómo le cantaré al Señor?
¿cómo le cantaré?
¿cómo le cantaré al Señor?
Hombre de barro soy.

Él está en los montes y en el mar;
Él llena el silencio de la noche en calma
y camina en la ciudad.

No mira en el hombre su color,
ni mira el dinero, es Padre de todos
y a todos quiere el Señor.

26. Un hombre vulgar

Conozco a un hombre vulgar,
trabaja de sol a sol,
toma vino en el bar
como cualquier trabajador.
En su bolsa no hay dinero
ni tiene gran posición
pero canta en la mañana
y cuando se pone el sol

Si canta el pájaro,
¿no voy a cantar yo?
Si canta el viento,
¿no voy a cantar yo?
Aleluya
Aleluya

Cuando tiene alguna pena
la guarda en el corazón,
pero si llora un amigo
él también tiene dolor.
Camina junto al que sufre
pero dice su canción,
-nadie sabe cuándo canta
y cuándo llora un ruiseñor-.

Canción de un hombre vulgar
que lucha de sol a sol
y que sabe que en la vida
hay algo más que dolor.

10. BIBLIOGRAFÍA CONSULTADA

Abad Ibáñez, J. A. y Garrido Bonaño, M. *Iniciación a la liturgia de la Iglesia*. Ed. Palabra, Madrid 2da. Ed. 1997.

Alcalde, Antonio. *Pastoral del canto litúrgico*. Sal Terrae, Madrid 1997.

Aldazábal, José. *Vocabulario básico de liturgia*. CPL Barcelona 2002

----. *La Eucaristía*. CPL Barcelona, 2000.

Bernal, José Manuel. *Iniciación al año litúrgico*. Ed. Cristiandad, Madrid, 1984.

Canals, Joan M. *El culto a la eucaristía*. Dossiers CPL Vol. 71. Barcelona 1996.

Expósito, Miguel. *Conocer y celebrar la Eucaristía*. Dossiers CPL Barcelona, 2001

Floristan, Casiano. *Diccionario Abreviado de Liturgia*. Ed. Verbo Divino, Navarra 2001.

Forte, Bruno. *¿Por qué ir a Misa los domingos?* Ed. San Pablo. Colombia, 2005

Jungmann, Josef Andreas. *Breve historia de la misa*. Cuadernos Phase, Vol. 157 CPL, Barcelona, 2006.

Lebon, Jean. *Para vivir la liturgia*. Verbo Divino, Estella, Navarra 1989.

Lligadas, Josep. *Celebrar el año litúrgico*. Celebrar Vol. 51 CPL 1997

---. *El Lector y el animador*. Celebrar Vol. 26 CPL Barcelona 1997

Olivas, Claudia y Miguel. *El Año Litúrgico en Familia*. Edición privada. 2011

Parra Sánchez, Tomás. *Diccionario de liturgia*. Ed. San Pablo, México 2001.

Pérez, Matilde Eugenia. *Año Litúrgico. Para comprender y vivir los tiempos litúrgicos*. Paulinas Colombia, 2004

Pimentel, M. Guadalupe. *Signos y símbolos litúrgicos*. Paulinas. México, 2003.

Righetti, Mario. *Los colores litúrgicos*. Cuadernos Phase, Vol. 165. CPL Barcelona, 2006.

Sagrada Congregación para el Culto Divino, *Instrucción General del Misal Romano*,

3ra. Ed., Conferencia Episcopal de Colombia, 2007.

Sartore, Domenico. *Nuevo diccionario de Liturgia.* Ed. Paulinas, Madrid 1989

Varios Autores, *Por qué cantar en la liturgia.* Cuadernos Phase Vol. 28. CPL Barcelona, 1991

Varios Autores. *La voz del canto en la liturgia.* Cuadernos Phase 136. CPL Barcelona 2003

ACERCA DEL AUTOR

Ordenado presbítero para la Iglesia Católica en 1988. Ha ejercido el ministerio en diferentes parroquias bajo diversas condiciones. Desde el 1995 reside en California en donde ha trabajado directamente en el ministerio acompañando la comunidad de habla hispana.

Made in the USA
Las Vegas, NV
03 May 2024

89500578R10063